O Além e a sobrevivência do ser

Léon Denis

O Além e a sobrevivência do ser

Copyright © 1944 *by*
FEDERAÇÃO ESPÍRITA BRASILEIRA – FEB

11ª edição – Impressão pequenas tiragens – 10/2024

ISBN 978-85-7328-763-9

Título do original francês:
L'au dela et La survivance de l'être

Todos os direitos reservados. Nenhuma parte desta publicação pode ser reproduzida, armazenada ou transmitida, total ou parcialmente, por quaisquer métodos ou processos, sem autorização do detentor do *copyright*.

FEDERAÇÃO ESPÍRITA BRASILEIRA – FEB
SGAN 603 – Conjunto F – Avenida L2 Norte
70830-106 – Brasília (DF) – Brasil
www.febeditora.com.br
editorial@febnet.org.br
+55 61 2101 6161

Pedidos de livros à FEB
Comercial
Tel.: (61) 2101 6161 – comercial@febnet.org.br

Adquirindo esta obra, você está colaborando com as ações de assistência e promoção social da FEB e com o Movimento Espírita na divulgação do Evangelho de Jesus à luz do Espiritismo.

Dados Internacionais de Catalogação na Publicação (CIP)
(Federação Espírita Brasileira – Biblioteca de Obras Raras)

D395a   Denis, Léon, 1846-1927

O Além e a sobrevivência do ser / Léon Denis. – 11. ed. – Impressão pequenas tiragens – Brasília: FEB, 2024.

96 p.; 23 cm – (Coleção Léon Denis)

Inclui índice geral

ISBN 978-85-7328-763-9

1. Espiritismo. 2. Reencarnação. I. Federação Espírita Brasileira. II. Título. III. Coleção.

CDD 133.9
CDU 133.7
CDE 10.00.00

Sumário

O Além e a sobrevivência do ser 7
Estudo sobre a reencarnação ou as vidas sucessivas......................... 71
Índice geral.. 81

O Além e a sobrevivência do ser

Proponho-me, nestas páginas, abordar uma das mais altas e mais graves questões com que se defronta o pensamento humano.

Haverá em nós um elemento, um princípio que persista depois da morte do corpo? Haverá qualquer coisa da nossa consciência, da nossa personalidade moral, da nossa inteligência, do nosso *eu*, que subsista à decomposição do invólucro material?

Neste breve estudo, deixaremos de lado o domínio das esperanças religiosas, por muito respeitável que seja, assim como o das teorias filosóficas, para exclusivamente buscarmos as provas experimentais capazes de nos fixarem a opinião. Atualmente, as afirmações dogmáticas e as teorias especulativas já não bastam. O espírito humano, que se tornou difícil de contentar-se, por efeito dos métodos científicos e de crítica hoje em uso, exige para toda crença uma base positiva, um *criterium* de certeza.

Antes de tudo, no exame que vamos fazer, uma coisa nos impressiona. Na época atual, em que tantas convicções se enfraquecem e extinguem, em que tantas ilusões se esfrangalham, o respeito, o culto da morte, continua sendo uma das raras tradições vivas. A lembrança dos seres queridos se conserva, intensa e profunda, no coração do homem. Foi em Paris, não o esqueçamos, que se estabeleceu o costume de saudar os féretros ao passarem.

Não é um espetáculo tocante ver, nos dias 1 e 2 de novembro, por sob um céu geralmente acaçapado e sombrio, às vezes até fustigadas por uma chuva insistente, aborrecida e gelada, numerosas multidões se encaminharem para os cemitérios, a fim de cobrirem de crisântemos os túmulos daqueles a quem amaram?!

Aos que voltam dessa piedosa peregrinação e mesmo aos que, em todas as épocas do ano, acompanham um enterro, não se apresentará esta interrogação: que é feito de todos esses viajantes que transpuseram os umbrais do Mundo Invisível? E o pensamento de cada um interroga o oceano silencioso dos mortos!

Sim, não obstante o desenfreado amor à matéria, característico dos tempos atuais, não obstante a luta ardorosa pela vida, luta que nos arrebata em sua engrenagem e nos absorve inteiramente, a ideia do Além se ergue a todo instante em nosso íntimo. Suscitam-na o espetáculo quotidiano das tristezas da Humanidade, a sucessão das gerações que surgem e passam, as chegadas e partidas que se verificam em torno de nós, as constantes migrações, de um mundo para outro, daqueles que partilharam dos nossos trabalhos, das nossas alegrias, das nossas dores, dos que teceram a nosso lado a teia não raro tão dolorosa da existência.

A todos quantos essa questão se tenha apresentado, direi: nunca percebestes, no silêncio profundo das horas noturnas, das horas de insônia, quando tudo repousa em derredor, algum ruído misterioso, que se assemelhasse a uma advertência de amigos ou, melhor ainda, o murmúrio de um ente caro tentando fazer-se ouvir? Não haveis sentido passar-vos por sobre a fronte como que um sopro ligeiro, brando qual carícia, ou o roçar de uma asa? Frequentemente hei tido essa sensação.

Mas, dir-me-eis, isto é por demais vago e pouco concludente. À nossa época de ceticismo são necessárias manifestações de outra precisão, fenômenos mais tangíveis, mais probantes.

Ora, tais manifestações existem e delas é que vamos tratar, penetrando assim o domínio do espiritualismo experimental, o domínio das novas ciências psíquicas que projetam luz intensa sobre o problema do Além.

Desde alguns anos estas ciências têm tomado uma extensão considerável e não é mais possível ao homem inteligente desconhecê-las ou desprezá-las. A despeito das fraudes e dos embustes, os fenômenos psíquicos reais, de todas as ordens, se multiplicaram de tal maneira que a possibilidade de se produzirem não mais dá lugar à dúvida. Se alguns sábios ainda os discutem, é antes do ponto de vista das causas atuantes do que da realidade dos fatos considerados em si mesmos.

Há vinte ou trinta anos se verificou o nascimento de uma nova ciência. Rompendo o círculo apertado em que a ciência de ontem, a ciência materialista, se confinara, ela rasgou ao espírito humano imensas aberturas sobre a Vida Invisível.

O descobrimento da matéria radiante, isto é, de um estado sutil da matéria, até então fora, completamente, do alcance das nossas percepções, o descobrimento dos raios X, das ondas hertzianas e da radioatividade dos corpos demonstraram a existência de forças, de potências incalculáveis e a possibilidade de formas de existência que os nossos fracos e limitados sentidos, por inaptos, não percebem.

Assim como o mundo dos infinitamente pequenos se nos conservava desconhecido antes da invenção do microscópio, assim também, sem as descobertas de W. Crookes, Roentgen, Berthelot e Curie, ignoraríamos ainda que um infinito de forças, de radiações, de potências nos cerca, envolve e banha nas suas profundezas.

Porém, depois daquelas demonstrações, que homem ousaria, doravante, fixar limites ao império da vida? A própria morte parece não ser mais do que uma porta aberta para formas impalpáveis, imponderáveis da existência; as ondas da Vida Invisível marulham sem cessar em torno de nós.

Muitos há que frequentemente inquirem de si mesmos onde está o Além; mas o Além e o Aquém se penetram, se confundem: estão um no outro.

O Além é simplesmente o que não alcançam os nossos sentidos, que, como se sabe, são muito pobres, não nos permitindo por isso perceber senão as formas mais grosseiras da vida universal.

As formas sutis lhes escapam absolutamente. Que é que a Humanidade, durante longo tempo, soube do Universo? Quase nada! O telescópio e o microscópio alargaram em sentidos opostos o campo de suas percepções. Àquele que, antes de inventado o microscópio, falasse dos infusórios, dessa vida exuberante que desabrocha em miríades de seres nos ares e nas águas, haveriam certamente respondido com um encolher de ombros.

Eis que, porém, novas perspectivas se descerram e ignorados domínios da natureza se revelam. Pode dizer-se que a infância do século XX assinala uma nova fase do pensamento e da Ciência. Esta se afasta cada vez mais das linhas acanhadas em que esteve encerrada por tão largo tempo, a fim de levantar o voo, de desenvolver seus meios de investigação e de apreciação e explorar os vastos horizontes do desconhecido. A Psicologia, notadamente, enveredou por outros caminhos. O estudo do *eu,* da personalidade humana, passou do terreno da metafísica para o da observação e da experiência. Entre as ciências nascidas deste movimento figura o espiritualismo experimental.

Sob esta denominação, o velho Espiritismo, tão escarnecido e achincalhado, tantas vezes enterrado, reapareceu mais vivo e vê aumentar dia a dia o número de seus adeptos.

Não é isto bastante singular? Nunca talvez se vira um conjunto de fatos, considerados a princípio como impossíveis, que não despertavam, no pensamento da maioria dos homens, senão antipatia, desconfiança, desdém; que eram alvo da hostilidade de muitas instituições seculares, acabar por se impor à atenção e mesmo à convicção de eminentes cientistas, de sábios competentes, cheios de autoridade por suas funções e seus caracteres! Esses homens, anteriormente céticos, chegaram, por via de estudos, de pesquisas, de experiências, a reconhecer e a afirmar a realidade da maior parte dos fenômenos espíritas.

Sir William Crookes, o mais notável físico dos tempos modernos, depois de ter observado, durante três anos, as materializações do Espírito Katie King e de as haver fotografado, declarou: "Não digo: isto é possível; digo: isto é real".

Pretendeu-se que W. Crookes se retratara. Ora, à semelhante insinuação ele próprio respondeu no discurso que proferiu por ocasião da abertura do Congresso de Bristol, como presidente da Associação Britânica para o Adiantamento das Ciências. Falando dos fenômenos que descrevera, acrescentou: "Nada vejo de que me deva retratar; mantenho minhas declarações já publicadas. Poderia mesmo aditar-lhes muita coisa".

Russel Wallace, da Academia Real de Londres, na obra intitulada *O milagre e o moderno espiritualismo,* escreve:

> Eu era um materialista tão completo e experimentado que não podia, nesse tempo, achar lugar no meu pensamento para a concepção de uma existência espiritual... Os fatos, entretanto, são obstinados: os fatos me convenceram.

O professor Hyslop, da Universidade de Colúmbia, Nova Iorque, em seu relatório sobre a mediunidade de *Mrs.* Piper, médium de transe, disse: "A julgar pelo que eu próprio vi, não sei como poderia furtar-me à conclusão de que a existência de uma *vida futura* está absolutamente demonstrada".

F. Myers, professor em Cambridge, na bela obra *A personalidade humana,* chega à conclusão de que *vozes e mensagens nos vêm de Além-Túmulo.*

Falando de *Mrs.* Thompson, acrescenta: "Creio que a maioria dessas mensagens parte de Espíritos que se servem temporariamente do organismo dos médiuns, para no-las transmitir".

Richard Hodgson, presidente da *Sociedade Americana de Pesquisas Psíquicas*, escrevia nos *Proceedings of Society Psychical Research*:

> Acredito, sem a menor sombra de dúvida, que os Espíritos que se comunicam são de fato as personalidades que dizem ser; que sobreviveram à mutação conhecida pelo nome de morte e que se comunicaram diretamente conosco, pretensos vivos, por intermédio do organismo de *Mrs.* Piper adormecida.

O mesmo Richard Hodgson, falecido em dezembro de 1906, se comunicou depois com seu amigo James Hyslop, entrando em minúcias acerca das experiências e dos trabalhos da Sociedade de Pesquisas Psíquicas. Explica como, para ficar absolutamente provada a sua identidade, deviam as experiências ser conduzidas.[1]

Essas comunicações são feitas por diferentes médiuns que não se conhecem reciprocamente e umas confirmam as outras. Notam-se as palavras e as frases familiares, em vida, aos que se comunicam depois de mortos.

Sir Oliver Lodge, reitor da Universidade de Birmingham e membro da Academia Real, escreveu em *The Hilbert Journal* o seguinte, que o *Light* de 8 de julho de 1911 reproduziu:

> Falando por conta própria e com pleno sentimento de minha responsabilidade, dou testemunho de que, como resultado das investigações que fiz no terreno do psiquismo, adquiri por fim, mas de modo inteiramente gradual, a convicção em que me mantenho após vinte anos de estudo, não só de

---

[1] Ver os *Proceedings S. P. R.*

que a continuação da existência pessoal é um fato, como também de que uma comunicação pode ocasionalmente, embora com dificuldade e em condições especiais, chegar-nos através do espaço.

E na conclusão do seu recente livro *A sobrevivência humana*,[2] acrescentou:

> Não vimos anunciar uma verdade extraordinária; nenhum novo meio de comunicação trazemos, mas apenas uma coleção de provas de identidade cuidadosamente colhidas, por métodos desenvolvidos, ainda que antigos, mais exatos e mais vizinhos da perfeição talvez do que os empregados até hoje. Digo "provas cuidadosamente colhidas", pois que os estratagemas empregados para a sua obtenção foram postos em prática de um e de outro lado da barreira que separa o mundo visível do invisível; houve distintamente cooperação dos que vivem na matéria e dos que já se libertaram dela.

O professor W. Barrett, da Universidade de Dublin, declara (*Anais das ciências psíquicas,* nov. e dez. 1911):

> Sem dúvida, por nossa parte, acreditamos haver alguma inteligência ativa operando por detrás do automatismo (escrita mecânica, transe e incorporação) e fora deste, uma inteligência que mais provavelmente é a pessoa morta que a mesma inteligência afirma ser do que qualquer outra coisa que possamos imaginar... Dificilmente se encontrará solução para o problema dessas mensagens e das "correspondências de cooperação inteligente entre certos Espíritos desencarnados e os nossos".

---

[2] *A sobrevivência humana*, por *Sir* Oliver Lodge, traduzida do inglês pelo Dr. Bourbon, Paris, 1912. Felix Alcan, editor.

O célebre Lombroso, professor da Universidade de Turim, escrevia na *Lettura*: "Sinto-me forçado a externar a convicção de que os fenômenos espíritas são de uma importância enorme e que é dever da Ciência dirigir sem mais demora sua atenção para essas manifestações".

Mr. Boutroux, membro do Instituto e professor da Faculdade de Letras de Paris, se exprime assim no *Matin* de 14 de março de 1908: "Um estudo amplo, completo do *psiquismo* não comporta unicamente um interesse de curiosidade, mesmo científica; interessa também muito diretamente à vida e ao destino do indivíduo e da Humanidade".

O sábio Duclaux, diretor do Instituto Pasteur, em uma conferência que fez no Instituto Geral Psicológico, há alguns anos, dizia:

> Não sei se sois como eu, mas esse mundo povoado de influências que experimentamos sem as conhecermos, penetrado desse *quid divinum* que adivinhamos sem lhe apreendermos as minúcias, ah! esse mundo do psiquismo é mais interessante do que este outro em que até agora se encarcerou o nosso pensamento. Tratemos de abri-lo às nossas pesquisas. Há nele, por se fazerem, imensas descobertas que aproveitarão à Humanidade.

* * *

O observador, o pesquisador imparcial que deseja formar juízo seguro, muitas vezes se acha em presença de duas opiniões igualmente falaciosas. De um lado, a condenação em bloco. Dir-lhe-ão: no psiquismo tudo é fraude e embuste; ou então: tudo é ilusão e quimera. De outro lado, a credulidade excessiva.

Encontrará pessoas que admitem os fatos mais inverossímeis, mais fantásticos; outras que se entregam às práticas espíritas sem estudos prévios, baldas de método, de discernimento, de espírito de crítica, ignorantes das causas várias a que se podem atribuir os fenômenos psíquicos.

Esses talvez sejam indivíduos de boa-fé. Mas há também os embusteiros e os charlatães. O charlatanismo se tem frequentemente apropriado dos fatos psíquicos para os imitar e explorar. Cumpre estar sempre em guarda contra o cortejo dos falsos mágicos, dos falsos médiuns ou dos que, possuindo faculdades reais, não hesitam contudo em trapacear, havendo oportunidade. Ao observador importa precaver-se dos míseros industriais que não trepidam em mercadejar com as coisas mais respeitáveis. Entretanto, os casos fraudulentos em nada podem alterar a realidade dos fatos autênticos.

Não há dúvida de que as trapaças, as falsas materializações, as fotografias arranjadas desacreditam o psiquismo e entravam a marcha desta ciência nova, que lhe retardam o voo e o desenvolvimento normal. Mas não sucede sempre assim com todas as coisas humanas? As mais sagradas nunca estiveram ao abrigo das falcatruas dos intrujões e dos impostores.

Indubitavelmente, diante da incerteza, da confusão que resulta de tantas opiniões contraditórias, muitos homens hesitarão em palmilhar esse terreno, em se entregar a um estudo atento da questão. O que o primeiro exame, superficial, neles produz é a desconfiança, a hostilidade. Quase nunca veem da ciência psíquica senão os lados vulgares, as mesas girantes e outros fenômenos da mesma natureza, conservando-se-lhes desconhecidas ou ignoradas as manifestações de caráter elevado, os fatos de real valor. É que neste mundo o que é belo e grande se dissimula; só pode ser descoberto por esforços perseverantes, enquanto que as coisas banais e ruins disputam a evidência em torno de nós. Ou então os fenômenos citados parecerão maravilhosos, incríveis aos que jamais experimentaram e muitos, em presença das narrações que se lhes fazem, porão os espíritas no rol dos alienados.

Tal a primeira impressão, que, cumpre reconheçamos, não é favorável. Entretanto, quem estudar seriamente a questão será impressionado por um fato: é que, ao cabo de meio século de críticas amargas, de ataques violentos e até de perseguições, o Espiritismo se mostra mais vivaz do que nunca. Pode dizer-se que ele se há consideravelmente desenvolvido, pois que já não se contam as revistas, os jornais, os grupos de experimentação que se prendem a esta ordem de ideias, em todos os pontos do globo. Tudo quanto hão querido tentar contra ele tem falhado. As pesquisas científicas e os processos tendenciosos lhe resultaram até aqui favoráveis.

Importa ainda que se reconheça uma coisa: se o Espiritismo encontrou tanta dificuldade para vencer as oposições conjuradas é que a experimentação neste campo se apresenta prenhe de embaraços. Exige qualidades de observação e de método, paciência, perseverança, que estão longe de ser predicados de todos os homens. As manifestações espíritas obedecem a regras mais sutis, a condições mais delicadas e mais complexas que as de qualquer outra ciência.[3] Aos experimentadores foram precisos longos anos de estudo e de observação para chegarem a determinar as leis que regem o fenômeno espírita.

Como há pouco vimos, o Espiritismo já agora se apoia em testemunhos científicos de alto valor, em experiências e afirmações

---

[3] Ver o meu livro *No invisível*.

de homens que ocupam elevada posição na Ciência e cujas obras fortes, cujas vidas íntegras e fecundas merecem o respeito universal. E o número desses testemunhos cresce dia a dia. Daí o podermos dizer: se os fenômenos espiríticos não passassem de ilusão e quimera, como teriam conseguido prender, durante anos, a atenção de sábios ilustres, de homens frios e positivos, quais W. Crookes, Lodge, Zöllner, Lombroso? E, em grau menos alto, porém não de somenos importância, homens como Myers, Aksakof, Maxwell, Stead, Dariex e outros?

Pouco a pouco, graças às investigações e às experiências desses cientistas, a explanação prossegue e as afirmações em favor do Espiritismo se renovam e multiplicam.

Eis por que consideramos um dever espalhar por toda parte o conhecimento dos fatos, por isso que projetam luz nova, luz poderosa sobre a nossa natureza real e sobre o nosso futuro. É preciso, afinal, que o homem aprenda a se conhecer melhor, a ter consciência das energias que possui em estado latente. Conformando-se à lei suprema, ele deve trabalhar com coragem e pertinácia para se engrandecer, para crescer em dignidade, em saber, em critério, em moralidade, porquanto nisso está todo o seu destino!

* * *

Aditemos uma nota sobre as experiências dos sábios que acima citamos: elas têm tido um alcance considerável e dado lugar a comprovações científicas da mais alta importância. Por exemplo, observando as materializações do Espírito Katie King é que *Sir* W. Crookes descobriu a matéria radiante. Nestes fenômenos estranhos ele observava a ação da substância em trabalho no ponto de sua transformação em força, em energia.

Foi, pois, de um fato espírita que se originou uma série completa de descobertas, uma revolução no domínio da Física e da Química.

O grande físico inglês achou meio de tornar visível, no aparelho que veio a chamar-se "ampola de Crookes", essa matéria radiante, difusa, imponderável, que enche o espaço e nos escapa aos sentidos. Tudo quanto se há desde então verificado nesse terreno não passa de aplicações da descoberta do ilustre sábio: os raios X e a radioatividade dos corpos, por exemplo.

O próprio rádio não é mais do que uma dessas manifestações. Todos os corpos vibram, todos se mantêm num perpétuo estado de radiação; apenas a do rádio é mais forte do que as outras.

Podemos hoje observar a matéria em seus diferentes estados, desde o estado sólido, o mais condensado sob o qual habitualmente a vemos, até a completa dissociação, em que se torna força e luz.

O ser humano irradia igualmente. Existe nele um foco de energia, donde constantemente emana eflúvios magnéticos e forças que se ativam, que se estendem sob a influência da vontade, chegando a poderem impressionar placas fotográficas. Por semelhante irradiação já o nosso ser penetra no Mundo Invisível.

Todas estas noções as experiências científicas confirmam. A verificação destes modos de energia, a existência destas formas sutis da matéria fornecem ao mesmo tempo a explicação dos fenômenos espíritas. É aí que os Espíritos haurem as forças de que se servem nas suas manifestações físicas; é desses elementos imponderáveis que se constituem seus envoltórios, seus organismos. Nós mesmos, os humanos, possuímos já nesta vida um corpo sutil, invisível veículo da alma, do qual o corpo físico é a imagem, e que em certos casos se pode concretizar e cair sob a ação dos sentidos.

Já tem sido possível reproduzir-se em chapas fotográficas este duplo fluídico do homem, centro de forças e de radiações. O coronel de Rochas e o Dr. Barlemont obtiveram, no *atelier* de Nadar, a fotografia simultânea do corpo de um médium e do seu duplo, momentaneamente separados.[4]

Pela existência do corpo fluídico, pelo seu desprendimento durante o sono natural ou provocado é que se explicam as aparições de fantasmas dos vivos e, por extensão, as dos Espíritos dos mortos.

Em muitos casos já se pudera observar que o duplo fluídico de pessoas vivas se destacava, em certas condições, do corpo material, para se mostrar e manifestar a distância. Tais fenômenos são conhecidos pela designação de fatos telepáticos.

Desde então, ficou evidente que, se durante a vida, a forma fluídica tem a possibilidade de agir fora e sem o concurso do corpo, a morte não pode ser o termo de sua atividade.

Eis um caso notável de aparição de um vivo desprendido de sua forma material:

Os grandes jornais de Londres, o *Daily News* de 17 de maio de 1905, o *Evening News*, o *Daily Express*, o *Umpire* de 14 de maio, referiram a aparição, em plena sessão do Parlamento, na Câmara dos Comuns, do fantasma de um deputado, o major *Sir* Carne Rachse, que se achava preso em casa por uma indisposição. Três outros deputados atestam a realidade desta manifestação.

---

[4] Ver *Revue Spirite*, novembro de 1894, com o fac-símile, e as obras do coronel de Rochas *Exteriorisation de la sensibilité* e *Exteriorisation de la motricité*. Ver também as obras de G. Delanne e H. Durville, *Fantômes des vivants*, relatando numerosas experiências de desdobramento.

Assim se exprime a respeito *Sir* Gilbert Parker, membro daquela Câmara, no jornal *Umpire* de 14 de maio de 1905, do qual os *Anais das ciências psíquicas* de junho do mesmo ano reproduziram a narração:

> Era meu desejo tomar parte no debate, mas esqueceram-se de chamar-me. Dirigindo-me para a minha cadeira, meus olhos deram com *Sir* Carne Rachse, sentado perto do lugar que habitualmente ocupava. Sabendo eu que ele estivera doente, fiz-lhe um gesto amistoso, dizendo-lhe: "Desejo que esteja melhor". Mas, não obtive nenhum sinal de resposta, o que me espantou. Achei-o muito pálido. Estava assentado, tranquilo, apoiado em uma das mãos; a expressão da fisionomia era impassível e dura. Detive-me um instante refletindo sobre o que convinha fazer; quando me voltei de novo para *Sir* Carne, ele desaparecera. Pus-me *incontinenti* à sua procura, contando encontrá-lo no vestíbulo. Lá não se achava. Ninguém o vira.

E o jornal acrescenta: "O próprio *Sir* Carne não duvida de que tenha realmente aparecido na Câmara, sob a forma do duplo, preocupado como estava com a ideia de comparecer à sessão para dar o seu voto ao governo".

Temos ainda o testemunho de dois outros deputados ingleses.

No *Daily News* de 17 de maio de 1905, *Sir* Arthur Hayter reforça com o seu depoimento o de *Sir* Gilbert Parker. Diz *Sir* Hayter que não só viu *Sir* Carne Rachse como também chamou a atenção de *Sir* Campbell Bannerman para a presença daquele deputado.

Pelo que toca às aparições de defuntos, já relatamos em outras obras[5] as experiências de *Sir* William Crookes com o Espírito Katie King, as de Aksakof com o de Abdullah e outros.

Relatemos aqui um caso mais recente, que o professor Lombroso, de Turim, conhecido do mundo inteiro pelos seus trabalhos de fisiologia criminalista, refere em seu livro póstumo *Ricerche sui fenomeni ipnotici e spiritici*:

> Foi em Gênova, no ano de 1902. A médium Eusapia se achava em estado de semi-inconsciência e eu não esperava obter fenômeno sério. Antes da sessão pedira-lhe que deslocasse, em plena luz, um pesado tinteiro de vidro. Ela me respondeu na sua maneira vulgar: "Por que te ocupas com estas ninharias? Sou capaz de fazer muito mais, de dar-te a ver tua mãe. Aí está no que devias pensar!". Impressionado com esta promessa, depois de uma hora de sessão, apoderou-se de mim o mais intenso desejo de a ver executada e a mesa respondeu por três pancadas ao meu pensamento. Vi de repente (estávamos na meia obscuridade de uma luz vermelha) sair do gabinete uma forma de talhe muito pequeno, exatamente como o de minha mãe. (Cumpre se note que a estatura de Eusapia é pelo menos dez centímetros mais alta que a de minha mãe.) O fantasma trazia um véu; deu volta completa à mesa até chegar a mim, murmurando palavras que muitos ouviram, mas que a minha meia surdez não me permitiu escutar. Enquanto, fora de mim, tal a emoção em que me achava, eu lhe suplicava que mais repetisse, ela me disse: *Cesare, fio mio!* Reconheço que isso não era de seus hábitos. Efetivamente, nascida em Veneza, tinha ela o costume veneziano de me tratar assim: *mio fiol!* Pouco depois, a pedido meu, afastou por instantes o véu e me deu um beijo.

---

[5] Ver *Cristianismo e espiritismo* e *No invisível*.

Na página 93 da obra citada anteriormente se pode ler que a mãe do autor lhe reapareceu ainda umas 20 vezes no correr das sessões de Eusapia.

A objeção favorita dos incrédulos, no tocante a este gênero de fenômenos, é que eles se produzem na obscuridade tão favorável aos embustes. Há um tanto de verdade nessa objeção e nós mesmos não temos hesitado em assinalar fraudes escandalosas; mas importa se note que a obscuridade é indispensável às aparições luminosas, as mais frequentes de todas. A luz exerce uma ação dissolvente sobre os fluidos e grande número de manifestações só na sua ausência se podem dar. Casos, entretanto, há em que certos Espíritos puderam aparecer sob os reflexos da luz fosforada. Outros se desmaterializam em plena luz. Sob os raios de três bicos de gás, viu-se Katie King fundir-se pouco a pouco, dissolver-se e desaparecer.[6]

A estes testemunhos corre-nos o dever de juntar o nosso, relatando um fato que nos toca pessoalmente.

Durante dez anos nos consagramos a esta ordem de estudos com o auxílio de um médico de Tours, o Dr. Aguzoli, e de um capitão arquivista do 9º corpo. Por intermédio de um deles, mergulhado em sono magnético, os Invisíveis nos prometiam, havia muito, um caso de materialização. Uma noite, reunidos no gabinete de consulta do nosso amigo, fechadas cuidadosamente as portas, e a luz do dia penetrando ainda bastante pela bandeira da janela para nos ser possível distinguir perfeitamente os menores objetos, ouvimos três pancadas ressoarem em certo ponto da parede. Era o sinal convencionado.

---

[6] Ver *O psiquismo experimental*, por Erny, p. 145.

Dirigimos os olhares para aquele lado e vimos surgir da dita parede, onde nenhuma solução de continuidade havia, uma forma humana de talhe mediano. Aparecia de perfil: a espádua e a cabeça se mostraram primeiro, depois, gradualmente, todo o corpo se mostrou. A parte superior se desenhava bem, apresentando nítidos e precisos os contornos. A parte inferior, mais vaporosa, tinha o aspecto de uma massa confusa. A aparição não caminhava, deslizava. Tendo atravessado lentamente a sala, a dois passos de nós, foi enterrar-se e desaparecer na parede oposta, num ponto em que não havia saída alguma. Pudemos contemplá-la durante cerca de três minutos e nossas impressões, confrontadas logo após, se revelaram idênticas.

O coronel francês L. G., hoje general, perdera a filha mais velha, de 20 anos, a quem consagrava terna afeição, por isso que a mocinha, muito séria, renunciava de boa vontade às diversões em companhia de suas amigas para compartilhar dos trabalhos de seu pai, escritor distinto. Sua morte súbita, fulminante, mergulhou em sombrio desespero o coronel, que me procurou para saber por que meios se poderia comunicar com a morta querida. Mas todas as suas tentativas por intermédio da mesa e da escrita só deram resultados menos que satisfatórios. Pouco a pouco, entretanto, fenômenos de visão se produziram e, a 25 de janeiro de 1904, ele me escrevia:

> Como complemento de minhas cartas anteriores, quero, antes de tudo, consignar aqui, por escrito, o que lhe referi no hotel Nègre-Coste.
>
> Na mesma noite da sua conferência, achando-me deitado e em completa escuridão, vi primeiramente com a maior nitidez a figura de minha filha querida, como a vejo habitualmente (e acrescento — como continuo a vê-la de modo cada vez mais preciso), isto é, uma figura confusa, de brilhante contorno,

com o penteado que lhe era peculiar destacando-se maravilhosamente no alto da cabeça.

Ora, como essa forma bem-amada estivesse diante de mim, sentindo-me eu perfeitamente acordado e observando-a com a maior atenção de que sou capaz, a aparição se transfigurou e tive então, junto de meu leito, minha filha adorada, *tal como nunca a vira melhor enquanto viva*: semblante risonho, alegre, tez brilhante de frescura; era de impressionar; dela emanava uma espécie de luminosidade; seu rosto fulgurava, resplandecia.

Desgraçadamente, isto não durou mais do que cinco a seis segundos, passados os quais divisei novamente a forma confusa, azulada. Só a fisionomia tinha aparência de vida.

Acrescento que antes observara, perto de meu leito, magnífica estrela azul, *de uma luz inimitável,* projetando sobre mim um raio luminoso que me enchia literalmente de claridade. Após o nosso regresso para aqui, as manifestações continuaram nestas condições. Todavia, julgo oportuno destacar duas particularidades:

Há alguns dias, meu sobrinho Robert estava de guarda. À meia-noite deixou o corpo da guarda para ir buscar alguma coisa no seu aposento. Lá chegando, ouviu uma voz bem conhecida que o chamava distintamente: "Robert! Robert!". Ele se encontrava absolutamente só, a porta estava fechada e àquela hora todos no quartel dormiam.

Acresce que seus camaradas o tratam pelo apelido de família: de C... e nunca pelo primeiro nome. O único que o trata pelo prenome é Amaury, o noivo de minha filha, e esse, no momento, estava deitado no aposento que ocupa em minha casa.

Voltando ao corpo da guarda, meu sobrinho teve a surpresa de ver um cão, que os soldados recolheram e que se chama "Batalhão", levantar-se sobre as patas traseiras, apoiar as dianteiras contra a borda de uma cama de campanha e ladrar, com o pêlo eriçado, durante uns dez minutos, fixo o olhar em um só ponto da parede, onde ninguém via coisa alguma.

Não houve meio de fazê-lo calar-se. Finalmente, ontem à noite, em minha casa, Amaury estava deitado e tinha consigo na cama uma gata, outrora favorita da minha cara Ivone. De repente a mesa de cabeceira recebeu uma pancada tão violenta que a gata saltou da cama. Amaury, que apenas dormitava, abriu os olhos e viu o quarto cheio de luminosidades, de pontos brilhantes etc.

Eis a situação em que nos achamos. Tudo isto não deixa lugar a dúvida alguma, a qualquer suspeita. Tudo se passa em nossa casa, sem médium estranho, em família. A maior parte das vezes os fenômenos se produzem espontaneamente.

Chegar-se-á forçosamente à crença na realidade das manifestações do Além e todo o mundo se admirará um dia de que elas fossem por tão longo tempo desprezadas e até negadas.

O general L. G. me assinala ainda o seguinte fenômeno:

O Sr. Contaut, velho amigo de meu pai, nascido como ele no Épinal, donde veio para Périgneux, lugar em que se aposentou no cargo de diretor do registro, me referiu o seguinte fato:

Um dia em Épinal acabava de me deitar, quando de súbito vi aos pés de minha cama o meu amigo Goenry, comandante de Engenharia, então muito distante dos Vosges. Estava uniformizado e me olhava tristemente. Tal foi a minha surpresa que exclamei: "Como, Goenry, tu aqui!". Nesse momento ele desapareceu. Fiquei impressionadíssimo. Fui ter com minha mulher e lhe narrei o que acabava de passar-se, acrescentando: "Aposto que Goenry morreu". No dia seguinte recebi um telegrama comunicando-me a sua morte, que ocorrera exatamente à mesma hora da aparição.

Ora, o Sr. Contaut é um espírito muito positivo; ignorava toda esta espécie de fenômenos e só me confiou o fato porque eu lhe estivera relatando outros da mesma natureza, passados comigo. Ele me declarou: "Jamais me fora possível compreender esse incidente. Que de vezes pensei nele sem conseguir achar-lhe explicação!".

Citemos ainda um caso mais antigo, porém dos mais sugestivos também, em razão dos testemunhos oficiais que o comprovam:

A 17 de março de 1863, em Paris, no primeiro andar da casa nº 26, rua Pasquier, por detrás da Madalena, a Sra. baronesa de Boilève oferecia um jantar a muitas pessoas, entre as quais se contavam o general Fleury, escudeiro-mor do imperador Napoleão III, o Sr. Devienne, primeiro presidente da Corte de Cassação, o Sr. Delesvaux, presidente da Câmara no Tribunal Civil do Sena. Durante o jantar tratou-se sobretudo da expedição ao México, começada havia já um ano. O filho da baronesa, tenente de caçadores a cavalo, Honoré de Boilève, fazia parte da expedição e sua mãe não deixara de perguntar ao general Fleury se o governo tinha notícias dele. Não as tinha. Falta de notícias, boas notícias. O banquete terminou alegremente, conservando-se os convivas à mesa até as 9 horas da noite. A essa hora, *Mme.* de Boilève se levantou e foi sozinha ao salão para mandar servir o café. Mal entrara, um grito terrível alarmou os convidados.

Todos se precipitaram para o salão e encontraram a baronesa desmaiada, estendida no tapete. Voltando a si, contou-lhes ela uma história extraordinária. Ao transpor a porta do salão, dera com seu filho Honoré em pé na outra extremidade do aposento, uniformizado, mas sem armas e sem quepe. Tinha o rosto pálido e ensanguentado. Fora tal o espanto da pobre senhora, que pensara morrer. Todos se apressaram em tranquilizá-la, fazendo-lhe ver que tinha sido joguete de uma alucinação, que sonhara acordada. Sentindo-se ela, porém, inexplicavelmente fraca, chamaram com urgência o médico da família, que era o ilustre Nélaton. Posto ao corrente da estranha aventura, o facultativo prescreveu calmantes e retirou-se. No dia seguinte a baronesa estava fisicamente restabelecida, mas o moral ficara abalado. Daí por diante mandava duas vezes ao dia um portador ao Ministério da Guerra pedir notícias do tenente.

Ao cabo de uma semana recebeu a notícia oficial de que a 17 de março de 1863, às 2 horas e 50 minutos da tarde, no assalto de Puebla, Honoré de Boilève caíra morto por uma bala mexicana, que o atingira no olho esquerdo e lhe atravessara a cabeça.

Três meses mais tarde o Dr. Nélaton transmitiu a seus colegas da Academia uma comunicação do sucedido, escrita pelo punho do primeiro presidente Devienne e assinada por todos os convivas do famoso jantar.[7]

Em seu número de 24 de dezembro de 1905, *L'Éclair* publicou uma importante declaração do senhor Montorgueil, redator desse jornal, que então se decidira a falar das experiências de que participara em 1896 ou 1897, em casa do engenheiro Mac-Nob, rua Lepic. Foi necessária a afirmação corajosa do professor Charles

---

[7] *Revue Scientifique et Morale du Espiritisme*, dez. 1911.

Richet sobre a realidade do fantasma da vivenda Cármen para que ele saísse do silêncio em que se mantivera durante dezoito anos.

Muitos céticos, pouco a par destas investigações, ingenuamente supõem que, se se atirassem ao fantasma e o impedissem de mover-se, encontrariam o médium disfarçado.

A seguinte experiência do Sr. Montorgueil responde peremptoriamente a esta hipótese, patenteando-lhe a parvoíce. Vamos sem delongas ao ponto interessante da narrativa.

> Uma noite recebi uma pancada no ombro, uma pancada algo um tanto brusca. Passado um instante, notei que me roçava os joelhos uma saia. Segurei-a, mas escapou-me dos dedos.
>
> O fantasma atirou-se de novo a mim. Senti de repente que me esfregava o rosto com um pano. Acreditei ser um gracejo: agarrei, furioso, a mão que me correra pela face. A cólera, junta a um certo medo, me decuplicava as forças. Pedi em gritos que acendessem as luzes, o que logo foi feito pelo engenheiro.
>
> Achava-me então de pé e com um dos braços apertava de encontro ao corpo um outro braço, cujo pulso segurava com a mão, que a raiva havia transformado em tenaz. Reinava absoluto silêncio; meus ouvidos não percebiam nenhum ruído de respiração; nem minhas faces lhe sentiam o calor característico. Somente meus pés sapateavam.
>
> A mão do fantasma tentava, no entanto, fugir da minha. *Dava-me a sensação de se estar fundindo entre os meus dedos.*
>
> A luz brilhara de novo: a luta não durara mais de dez segundos.

Contra mim ninguém; todos estavam nos seus lugares e denotavam mais curiosidade do que ansiedade. É fora de dúvida que se tivesse agarrado por aquela maneira uma pessoa, eu a houvera derrubado, ou, numa luta corpo a corpo, como a em que me vira empenhado, ela só conseguiria atirar-me ao chão, depois que nossas mãos se houvessem separado. Tal pessoa não lograria libertar-se de mim sem um empurrão.

Meu adversário desaparecera.

Teria eu sido o joguete de uma alucinação? Existia prova do contrário: ficara-me na mão, arrancado da do fantasma, o pano com que me esfregara o rosto. Era o fichu de uma moça que o escultor trouxera em sua companhia.

Devo salientar que no momento em que a luz se acendeu de novo e que a mão se desvaneceu, o músico (o médium) caiu de costas sobre o sofá, soltando um grito, e ficou prostrado, como que aniquilado por muitos minutos.

Posteriormente refleti muitas vezes sobre esse fato. Procurei verificar se não fôramos todos, eu e meus companheiros, mistificados. Nada apurei que confirmasse esta suposição. Um argumento aos meus olhos sobreleva a todos os outros: um ser a quem eu tivesse preso pelo pulso e subjugado com o braço teria podido escapar-se sem barulho, sem queda, sem colisão? Desafio a quem quer que seja que o consiga...

É de notar-se o contrachoque experimentado pelo médium. Em outras circunstâncias o fato poderia ser-lhe de terríveis consequências. *Mme.* d'Espérance, por efeito de uma aventura da mesma natureza, ficou gravemente enferma durante muitos anos. Daí toda a conveniência em não trabalhar senão com pessoas cuja lealdade se conheça, incapazes de, por estúpidas e inúteis agressões, ferir os médiuns.

Às materializações e aparições de Espíritos, já o vimos, se opõem dificuldades que, forçosamente, lhes limitam o número. O mesmo não se dá com certos fenômenos de ordem física e de natureza muito variada, os quais se propagam e se multiplicam cada vez mais em torno de nós.

Vamos examinar sucintamente esses fatos na sua ordem progressiva, do ponto de vista do interesse que apresentam e da certeza que deles resulta no tocante à vida livre do Espírito.

Em primeira linha vem o fenômeno, tão vulgarizado hoje, das casas assombradas. São habitações frequentadas por Espíritos de ordem inferior, que se entregam a manifestações ruidosas. Pancadas, sons de toda espécie, desde os mais fracos até os mais fortes, abalam os assoalhos, os móveis, as paredes, até mesmo o ar. A louça é tirada do lugar e quebrada; pedras são jogadas de fora para dentro de aposentos.

Os jornais frequentemente trazem a descrição de fenômenos deste gênero. Mal cessam em um ponto se reproduzem noutros, quer na França, quer no estrangeiro, despertando a atenção pública. Em alguns lugares hão durado meses inteiros, sem que os mais hábeis policiais tenham logrado descobrir uma causa humana para as manifestações. Damos aqui o testemunho de Lombroso a esse respeito. Escreveu ele na *Lettura*:

> Os casos de habitações mal-assombradas e observados na ausência de médiuns, habitações em que, durante anos, se produzem aparições ou ruídos, que coincidem com a narração de mortes

trágicas, militam em favor da ação dos mortos. Trata-se muitas vezes de casas desabitadas onde tais fenômenos se dão não raro no curso de muitas gerações e até por séculos.[8]

O Dr. Maxwell, advogado geral na Corte de Apelação de Bordeaux, descobriu sentenças de diversos parlamentos, no século XVIII, rescindindo contratos de aluguel por causa de assombramentos.[9]

O *Journal des Débats,* no número de agosto de 1912, relata o seguinte:

> O Sr. J. Deuterlander possui em Chicago, 3.375, South Dakley Avenue, uma casa de aluguel. A comissão encarregada de lançar o imposto predial entendeu dever taxar esse importante imóvel tomando por base um aluguel de 12 mil dólares. O senhor Deuterlander protestou. Longe de lhe dar lucros, a casa só lhe dava aborrecimentos. Encontrava as maiores dificuldades para alugá-la em consequência de ser visitada por *almas do outro mundo.* Uma senhora ainda jovem lá morrera em condições misteriosas, provavelmente assassinada, e desde então os outros locatários são constantemente despertados por gemidos e gritos. Cansados de suportar esse incômodo, entraram a abandonar o prédio uns após outros. Tal a razão por que o Sr. Deuterlander pedia uma diminuição da taxa. A comissão, depois de examinar o caso, deferiu-lhe o pedido, decidindo reduzir de 12 mil para 8 mil dólares a base para a taxação do imóvel. E assim ficou também oficialmente reconhecida a existência dos fantasmas.

Lembremos ainda os dois casos de assombramento verificados em Florença e em Nápoles e que inseri na minha obra *No*

---

[8] Ver *Annales des Sciences Psychiques,* fev. 1908.
[9] J. Maxwell, *Phénomènes Psychiques,* p. 260.

invisível (cap. 16). Os tribunais, depois de ouvirem numerosas testemunhas, proferiram sentenças nas quais reconhecem a realidade dos fatos e concluem pela rescisão dos contratos de arrendamento.

Todos esses fenômenos devemo-los a entidades de ínfima ordem, pois os Espíritos elevados não são os únicos que se manifestam.

Aos Espíritos de qualquer ordem que sejam agrada entrar em relação com os homens, desde que encontrem meios. Daí a necessidade de distinguir-se, nas manifestações do Além, o que vem do alto do que vem de baixo, o que emana dos Espíritos de luz do que é produzido por Espíritos atrasados. Há almas de todos os caracteres e de todos os graus de elevação. Em derredor de nós há mesmo número muito maior das de condição inferior do que das de condição elevada. Aquelas são as produtoras dos fenômenos físicos, das manifestações bulhentas, de tudo quanto é vulgar, manifestações úteis, entretanto, pois que nos trazem o conhecimento de todo um mundo esquecido.

Em minhas obras já citadas, trato longamente dos casos de escrita mediúnica e de escrita direta.

As mensagens obtidas por esses processos denotam grande variedade de estilo e são de valor sensivelmente desigual. Muitas só encerram banalidades; outras, porém, são notáveis pela beleza da forma e elevação do pensamento.

Inseriremos aqui, como exemplo, algumas recentes e inéditas.

O publicista inglês W. H. Stead, morto na catástrofe do Titanic, deu a comunicação seguinte, em 21 de maio de 1912, a *Mme*. Hervy, num grupo parisiense:

Caros amigos, uma sombra feliz vem até vós. Desconhecendo-lhe a pessoa, não lhe ignorais, entretanto, o nome, nem a morte trágica no naufrágio do Titanic. Sou Stead. Amigos comuns, entre os quais a duquesa de P..., me trouxeram aqui para que me manifestasse por intermédio de Mme. Hervy, sua amiga. Talvez vos cause admiração que meus Espíritos familiares não me tenham avisado da fatalidade que pesava sobre o Titanic. É que nada pode prevalecer contra o destino, quando irremediável, e eu devia morrer sem que a nenhuma potência humana ou espiritual fosse possível retardar a minha derradeira hora. A agonia do Titanic teve alguma coisa de horrível, mas também de sublime. Houve desesperos loucos e manifestações covardes e brutais do egoísmo humano. Mas, quantos, por outro lado, medindo toda a extensão da coragem, se sentiram maiores diante da morte, mais nobres e mais santos, mais perto de DEUS! Saber que se vai morrer na plenitude da vida, na exuberância da força, pela ação dessas potências da Natureza, indomadas sob a aparência da submissão; morrer ao cintilar das estrelas impassíveis; morrer na calma fúnebre do mar gelado, em meio a uma solidão infinita, que angústia para a pobre criatura humana! E que apelo desvairado ela dirige a esse DEUS, cujo poder repentinamente descobre!... Oh! as preces daquela noite, as preces, os desprendimentos, as consciências a se iluminarem por súbitos relâmpagos e a fé a se elevar nos corações por entre as harmonias do belo cântico: "Mais perto de ti, meu Deus!".

Agonia de centenas de *seres*, sim, mas agonia que para muitos era a aurora de um novo dia. Há, para os que viveram, pensaram, sofreram, como também para os que muito gozaram das falazes alegrias que a fortuna dispensa às suas vítimas, um alívio interior e como que um arroubo de esperança, ao reconhecerem que dentro de alguns instantes tudo estará acabado.

A alma freme na carne e a subjuga, malgrado os sobressaltos inconscientes da animalidade.

E quantos dentre nós, proferindo as palavras do cântico "Mais perto de ti, meu Deus!" se sentiram bem perto do ser inefável que nos envolve com a sua onipotente serenidade!

Pelo que me toca, vi, cheio de estranha doçura, aproximar-se a morte, sentindo-me amparado pelos meus amigos invisíveis, penetrado de um misterioso magnetismo que galvanizava os que iam morrer e que tirava à morte todo o horror. Os que morreram sofreram pouco, menos do que os que sobreviveram. Os escolhidos já estavam a meio no Mundo Espiritual, onde em tudo rebrilha uma vida etérea. A maior amargura não era a deles, mas a dos que, presos à matéria, enchiam os barcos de socorro, que os levavam para continuarem nesse mundo a peregrinação da dor, de que ainda se não haviam libertado.

W. STEAD

Mais duas mensagens obtidas por meio da escrita mediúnica, em março e abril de 1912:

Prezada senhora, obrigado pelo serviço que me prestastes, obrigado por me terdes ajudado a sair da perturbação que se segue à morte, obrigado por me haverdes posto em contato com almas tão nobres, tão puras, que sonham com o triunfo do verdadeiro Cristo e com o da prática da sua doutrina no seio de uma Humanidade corroída pela febre malsã do materialismo e pelo surto dessas doutrinas de uma filosofia nebulosa, que, pretendendo criar super-homens, desconhecem o homem.

O materialismo de um lado e, de outro, as nefastas doutrinas que hão exaltado o *eu* em detrimento do *nós* e o indivíduo à custa da coletividade humana, da qual não o podem separar, criaram uma amoralidade geral, uma degeneração da consciência, que as velhas fórmulas religiosas são incapazes de deter.

Oh! muito teremos que fazer, nós os missionários do Cristo novo, e não nos faltará trabalho na vinha do Senhor; mas, que alegria para o apóstolo é sentir que sua missão se precisa e se dilata, ver que a morte, longe de imobilizar o homem sob a lápide do sepulcro, lhe aumenta, estende, amplifica as faculdades, que a liberta das dúvidas, das hesitações, dos falsos escrúpulos que lhe turbavam a consciência! Minha vida passada não foi mais do que a baça crisálida em que minha alma se transformou, pelas provações e dores, em maravilhosa borboleta.

Oh! alegria imensa que faz regurgitar o coração! alegria que arrebata a alma como que num arranco desordenado, para arrojá-la, palpitante de reconhecimento, aos pés do Criador Celeste, que tão generosamente paga o resgate do pecador!

Não, meus irmãos, imersos nas trevas da prisão terrestre, não podeis conceber a felicidade da libertação terrena. Sentir o engrandecimento da capacidade de conhecer e aprender, que já fez do homem o senhor do universo material; sentir que, com a inteligência e a compreensão, crescem todas as possibilidades de ação; sentir que o coração se depura e conhecer enfim a verdadeira amizade e o verdadeiro amor na comunhão íntima dos seres, que, por intransponíveis barreiras, os pesados invólucros materiais separam, são coisas que se não podem exprimir por palavras e impossível me é fazer-vos experimentar a plenitude de vida que sucede ao sono terrestre; pois que, na Terra, o homem se assemelha à semente enterrada no solo, gérmen obscuro, noção que prepara o desabrochar futuro, mas que não está, por isso, menos enredado nos liames da matéria.

Obrigado, ainda uma vez, Senhora, por terdes apressado o meu despertar, por me terdes granjeado tantos e tão elevados amigos, tão dignos e tão compenetrados da palavra do Cristo; obrigado por me terdes feito entrar nesta falange que conta os Lacordaire, os Didon, os Bersier, falange que desempenha a Missão Divina da renovação do ideal do Cristo.

Aqui está, pois, de novo o ardente, o fervoroso apóstolo que conhecestes, minha querida e fiel irmã (o Espírito se dirige neste ponto a uma das pessoas presentes), dispondo de maior clarividência e de mais inteligência das coisas, com a esperança viva de poder mais tarde e mais perfeitamente retomar a tarefa que tentou levar a cabo nesse mundo e que deixou, ah!, tão imperfeita. Foi o vosso pensamento que me atraiu para junto da vossa médium. Obrigado, portanto, a vós também.

Deixo-vos, meus amigos, possuído de uma alegria pura e santa, alegria que ultrapassa todas as alegrias da Terra, todas as harmonias terrestres, como o canto do rouxinol sobreleva e abafa o chilrear da toutinegra.

Obrigado ainda; o apóstolo ganhou novamente confiança na sua Missão Divina e ei-lo de novo pronto a combater pelo triunfo do Espírito do Cristo.

LOYSON

A Vida Espiritual, de maravilhosa beleza, não faz esquecer os nossos amigos terrenos. Por felizes que sejamos, por indizíveis que sejam os gozos que nos embriagam, sempre e sem cessar somos atraídos para o lugar onde transcorreu a nossa última existência, para todos aqueles a quem nos unem os laços de uma afeição fraterna, para junto de vós, enfim, ó bem-amados.

Sim, pensamos em vós, mesmo das alturas mais inacessíveis a que se possa elevar o pensamento! Vimos até onde estais para vos repetir, num eco distante, que deveis esperar e amar acima de tudo, por muito rude, por muito árida que seja a vida. A esperança e o amor vertem, na existência, a linfa do esquecimento. Dão a coragem, a vontade forte que nos permitem arrostar de ânimo sereno a tempestade. Mas, venha a calma após a borrasca, venha a hora do repouso benéfico e sentireis que nas vossas veias circula a eterna felicidade celeste, que DEUS espalha sem medida pelos pobres humanos.

O tempo, às vezes, vos parece bem longo. De nós esperais as menores comunicações com impaciência e também com uma espécie de curiosidade, e cheios de vaga esperança de que elas vos venham revelar alguma coisa do mistério dos mundos.

A Providência, porém, sabe que as revelações não seriam compreendidas. Não! A hora ainda não soou! As frases que vos possamos transmitir ficarão sendo por enquanto meras frases. Exortações à prática do bem, certamente! Cumpre orientar para o melhor as pobres almas sofredoras. Pela doçura, pela bondade, deveis chamar ao vosso seio os irmãos incrédulos. E podeis também, pela caridade, fazer-lhes entrever a meta sublime para a qual deve tender a vida.

A vida continua, bem o sabeis. Só muda a forma. Todavia, não muda demasiado rápido, porquanto, durante largo tempo, nos conservamos terrestres.

Quiséramos poder exprimir-vos tudo o que o Infinito nos dá a contemplar. Mas, ah!, a linguagem humana é pobre, suas palavras são duras, agudas, pesadas como a matéria, ao passo que seriam precisas palavras leves e suaves, de uma suavidade toda especial, capazes de exprimirem os sons e as cores. A atmosfera que vos envolve é por demais espessa para permitir que percebais, ainda que pouco, toda a harmonia que reina nos Planos Superiores do Universo. Ah! que esplendores aí se desdobram! E que consolação, que grande recompensa aos nossos males é esta vida, esta embriaguez de todos os instantes!

Continuamos a ocupar-nos das almas errantes, mas a fonte de amor em que nos dessedentamos é tão viva e tão abundante, que basta para nos deixar entrever destinos inda mais gloriosos. A ascensão prossegue, sem nunca parar. Subir ainda, subir sempre, sem jamais atingi-lo, para o foco da perfeição, para a Causa Suprema que nos deve absorver, conservando-nos a personalidade própria.

O amor, qualquer que seja o mundo em que se esteja, é a força, o eixo das esferas que gravitam em suas órbitas. Na Natureza, nos infinitamente pequenos, é o amor, antes de tudo, que guia o instinto. No homem, na sociedade inteira, é o amor que forma as simpatias, que torna possíveis as relações dos humanos entre si. Seja qual for a expressão sob a qual o queiram deformar, seja qual for o nome com que o ridiculizem, se analisardes um pouco, encontrareis sempre o amor, o amor mais ou menos purificado, que existe em todo ser. Ele é o centro, a causa. Reina no lar. É sobre suas fiadas que se constrói a família, a família que perpetua, no tempo e no espaço, a longa série dos séculos, marcando o progresso das humanidades. E é também o amor que rege as amizades sólidas.

Constituís uma força poderosa, quando as mesmas ideias, o mesmo ardente desejo do bem vos animam. A força fluídica que vos cerca é considerável, e se, de sua resistência, o granito vos pode dar ideias, o cristal, em cujas facetas se vem irisar a luz, poderá fazer-vos perceber-lhe a incomparável pureza.

Desde o menor até o maior, amai; e, em vossos corações, em vossas almas, correrá a fonte de vida. Sim, é necessário amar ainda, amar sempre, ensinando, continuando a propagar, em toda a sua grandeza, a filosofia que encerra o porquê dos destinos humanos. Trabalhai a terra; deixai que nela entre a relha do poderoso arado do amor e, um dia, as messes louras germinarão ao sol radiante do futuro. Propagai sem descanso. Propagai amando.

EDOUARD PETIT
Morto a 15 de setembro de 1910,
Praça de Vaugirard, 2 – Paris.

Ainda recentemente os experimentadores ingleses imaginaram, sob o nome de *cross-correspondence*, um novo processo de comunicação com o Invisível, bem de molde a provar a identidade dos Espíritos que se manifestam por meio da escrita mediúnica. O Sr. Oliver Lodge, reitor da Universidade de Birmingham, o descreveu a 30 de janeiro de 1908, numa reunião da Sociedade de Pesquisas Psíquicas de Londres.

A *cross-correspondence*, diz ele, isto é, o recebimento de parte da comunicação por um médium e parte por um segundo médium, não podendo qualquer das partes ser compreendida sem o concurso da outra, constitui boa prova de que uma mesma inteligência atua sobre os dois automatistas. Se, além disso, a mensagem traz a característica de um defunto e é recebida como tal por pessoas que não o conheceram intimamente, isso prova a persistência da atividade intelectual do desaparecido. E se se obtém dessa maneira um trecho de crítica literária, inteiramente conforme ao seu modo de pensar e impossível de ser imaginado por terceira pessoa, digo que a prova é convincente. Tais são as espécies de provas que a Sociedade pode comunicar sobre esse ponto.

Depois de tratar dos esforços empregados nesse sentido pelos Espíritos Gurney, Hodgson e Myers, em particular, o orador acrescenta:

Achamos que suas respostas a questões especiais são dadas por forma que lhes caracteriza as personalidades e revelam conhecimentos à altura da competência de cada um deles.

A muralha que separa os encarnados dos desencarnados — conclui Lodge — ainda se mantém firme, mas já se mostra adelgaçada em muitos lugares. Como os trabalhadores de um túnel, ouvimos, por entre o rumor das águas e diversos outros ruídos, os golpes das picaretas dos camaradas que trabalham do lado oposto.

**

Não julgamos demasiado insistir numa questão capital: a da identidade dos Espíritos que se comunicam, no curso das experiências. Essa identidade, estabelecida do modo mais preciso, será a melhor resposta aos detratores do Espiritismo e a todos os que pretendem explicar os fenômenos por outras causas que não a intervenção dos defuntos.

Passamos a enumerar diversos fatos que nos parecem característicos e apoiados em testemunhos importantes.

O primeiro, referido por Myers em sua obra sobre a *consciência subliminal,* diz respeito a uma pessoa bem conhecida do autor, o Sr. Brown, cuja perfeita sinceridade ele garante.

Um negro cafre foi visitar o Sr. Brown num dia em que se entregava a experiências espíritas com sua família.

Introduzido o visitante, perguntaram-lhe se sabia de mortos seus compatriotas que desejassem comunicar-se com ele.

Imediatamente, uma mocinha da família, que não conhecia coisa alguma do cafre, escreveu muitas palavras nesta língua. Lidas estas ao negro, causaram-lhe viva estupefação. Veio depois uma mensagem em idioma cafre, que foi por ele inteiramente compreendida, exceto uma palavra desconhecida do Sr. Brown. Em vão este a pronunciava de diversas maneiras; o negro não lhe apanhava o sentido. Inesperadamente a médium escreveu: "Estale a língua". O Sr. Brown lembrou-se então do estalido particular da língua que acompanha a articulação da letra *t* entre os cafres e foi imediatamente compreendido.

Ignorando os cafres a arte de escrever, o senhor Brown ficou surpreendido de receber de um cafre uma mensagem escrita. Explicaram-lhe que a mensagem fora ditada, a pedido dos amigos do negro, por um de seus amigos europeus que, quando vivo, falava correntemente a língua dos cafres.

O africano parecia aterrado com a ideia de que os mortos ali estivessem invisíveis.

O segundo caso é o da aparição de um Espírito que se chamara Nephentés, numa sessão realizada em Christiania, na casa do professor E..., sendo médium *Mme.* d'Espérance. O Espírito deu o molde de sua mão em parafina. Levado o modelo oco a um profissional para que executasse a obra em relevo, ele e seus operários se encheram de espanto, por lhes estar patente que mão humana não poderia tê-lo feito, porque o teria quebrado quando fosse retirada, e declararam que aquilo era obra de feitiçaria.

Doutra vez, Nephentés escreveu alguns caracteres gregos no livrinho de notas do professor E... Traduzidos, no dia seguinte, do grego antigo para linguagem moderna, aqueles caracteres, verificou-se que significavam o seguinte: "Sou Nephentés, tua amiga. Quando tua alma se sentir oprimida por excessivas dores, invoca-me e eu acudirei prontamente para mitigar tuas aflições".

Finalmente, o terceiro caso é autenticado pelo Sr. Chedo Mijatovitch, ministro plenipotenciário da Sérvia, em Londres, que o comunicou em 1908 ao *Light*: instado por espíritas húngaros para se pôr em relação com um médium, a fim de elucidar um ponto de História referente a certo soberano sérvio morto em 1350, o Sr. Chedo foi ter com o Sr. Vango, de quem muito se falava na ocasião e que lhe era, mesmo de vista, inteiramente desconhecido. Adormecido, anunciou-lhe o médium a presença do Espírito de um mancebo, que desejava muito ser atendido, mas cuja linguagem não lhe era possível compreender. Acabou, todavia, por escrever algumas palavras do que dizia o Espírito.

Este se exprimira em sérvio e a tradução do que o médium conseguira grafar é a seguinte: "Peço-te o favor de escrever à minha mãe Nathalie, dizendo-lhe que imploro o seu perdão".

O Espírito era o do rei Alexandre. O senhor Mijatovitch nenhuma dúvida pôde ter disso, tanto mais que outras novas provas de identidade vieram juntar-se à primeira: o médium descreveu o defunto, que lhe manifestou o pesar que sentia de não ter seguido um conselho que confidencialmente lhe dera, dois anos antes de seu assassínio, o diplomata consultante.[10]

Os fatos que se seguem, na sua maioria inéditos, constituem outras provas da sobrevivência:

No curso das sessões que realizamos em Tours, 1893 a 1901, e das quais já falei em minha obra *No invisível* (*Espiritismo e mediunidade*),[11] a propósito dos fenômenos do transe, o Sr. Périnne, presidente da Corte de Apelação da Argélia, que, aposentado, viera residir naquela cidade, conversava livremente com o Espírito de seu filho, Édouard Périnne, que morrera aos 26 anos como juiz de paz em Cherchell, a 1º de novembro de 1874. Uma noite, chegou-nos ele carregando um maço de folhas de papel cobertas de esboços feitos a pena, representando cenas humorísticas desenhadas pelo defunto e que eram conservadas como relíquias. "Édouard"— perguntou ele ao Espírito, assim que este se incorporou em *Mme*. F., nosso principal médium, que não conhecera o morto, nem jamais pusera os pés na Argélia, — "Édouard, quem era este homem gordo cuja caricatura traçaste nesta página? Nem eu nem tua mãe pudemos atinar com o sentido deste esboço". O desenho representava um homem obeso, tentando subir num poste telegráfico. "Pois que, pai", respondeu o Espírito, "não te lembras do Sr. X..., tão ridículo que, na Argélia, nos aborrecia com as suas conversações fúteis e um interminável palavrório sobre a sua agilidade?". E entrou em

---

[10] Ver a respeito destes três casos os *Annales des Sciences Psychiques*, de 1 a 16 jan. 1910, p. 7 et seq.
[11] Cap. 19.

minúcias tão precisas sobre a identidade dessa personagem que o Sr. e a Sra. Périnne se lembraram logo da que inspirara aqueles desenhos burlescos.

Um dia, no verão, *Mme.* F..., ocupada, juntamente com o marido, em pequenos arranjos no seu jardim, se sentiu impelida por uma força irresistível a colher uma soberba rosa, único ornamento de uma roseira, da qual muito se orgulhava o Sr. F... Em vão tentou o marido dissuadi-la do seu propósito. Sob a influência oculta, ela cortou a flor e correu a oferecê-la à Sra. Périnne, que residia na vizinhança. Encantada, a Sra. Périnne exclamou ao vê-la: "Oh! que prazer me dais neste dia, que é o do meu aniversário!". A Sra. F. ignorava essa circunstância.

Na sessão seguinte, o Espírito Édouard, dirigindo-se à mãe, disse: "Não compreendeste que fui eu quem impeliu a médium a colher aquela flor e a oferecê-la a ti, em minha lembrança?".

Durante as sessões efetuadas em Paris, no mês de dezembro de 1911, em casa do capitão P..., oficial do estado-maior, na presença de alguns amigos, entre os quais se achavam o Dr. G... e o Sr. Robert Pelletier, secretário da *Revue,* um Espírito se manifestou como sendo Geber, sábio árabe que viveu na Pérsia de 760 a 820. Por prova de sua identidade indicou que a tradução de suas obras estava na Biblioteca Nacional e lhes mencionou os títulos: *Summa collectionis, Compendium, Testamentum* etc.

O Sr. Pelletier, indo verificar estas afirmações, reconheceu-as absolutamente verídicas; nenhum dos assistentes jamais ouvira falar dessa personagem. No mesmo grupo, o compositor Francis Thomé se fez reconhecer por seus primos, lembrando-lhes fatos que as demais pessoas ignoravam e de alguns dos quais nem mesmo seus parentes se recordavam.

O general L. G., em 1904, me escrevia:

> Não posso resistir ao desejo de lhe comunicar o seguinte: No mês de julho último, estava minha mulher em B., na casa de um irmão, e aí se entretinha fazendo experiências de tiptologia. Após diversas comunicações por intermédio da mesa, surgiu o Espírito do almirante Lacombe, tio dela, morto em janeiro de 1903. Meu cunhado, capitão do... de linha, muito cético, interrogou: "Pois que estás aqui, talvez nos pudesses dizer onde se acha o bilhete da loteria turca que se encontrava entre os papéis do papai. Não consegui descobri-lo. Tu, que trataste desta sucessão, como tutor da Marie, deves sabê-lo".
>
> A mesa respondeu: "Está com o Sr. L..., notário...". "Não, pois que já lho pedi e ele não o tem".
>
> "Sim, está num pacote com o nome do Sr. V... (banqueiro de meu sogro), de mistura com alguns papéis velhos, dentro da secretária do primeiro escrevente."
>
> Meu cunhado não insistiu...
>
> Hoje recebi dele uma carta em que me comunica que o bilhete da loteria turca foi encontrado no lugar que a mesa indicara. É simplesmente espantoso, eis tudo!

O caso seguinte, publicado pelo Sr. Aksakof, mostra até que ponto os mortos podem continuar ao corrente das coisas terrestres:

Uma moçoila russa, Schura (diminutivo de Alexandrine), se envenenou aos 17 anos, depois de haver perdido o noivo, de nome Michel. Na ocasião em que esse fato se deu, ele era estudante no Instituto Tecnológico. Certo dia, a senhora Wiessler e sua filha (a primeira das quais se ocupava muito com o Espiritismo), que mal conhecia a família de Michel e de Nicolas e cujas relações com Schura e sua família já remontavam a época bem distante, sem jamais terem sido muito contínuas, recebem, por intermédio da mesa com que trabalhavam, uma mensagem de Schura ordenando-lhes que sem demora previnissem a família de Nicolas de que este corria perigo idêntico ao que determinara a morte de seu irmão Michel. Ante as hesitações manifestadas pelas duas senhoras, Schura se torna cada vez mais insistente, pronuncia palavras de que costumava usar quando viva e, para lhes dar uma prova da sua identidade, vai até ao ponto de mostrar-se a Sophie uma tarde, com a cabeça e os ombros emoldurados por um círculo luminoso. Isso, contudo, ainda não bastou para decidir a senhora von Wiessler e sua filha a fazerem o que lhes era indicado. Finalmente, um dia, Schura lhes declara que tudo está acabado, que Nicolas vai ser preso e que elas se hão de arrepender de não a terem obedecido. As duas senhoras então se resolvem a levar todos estes fatos ao conhecimento da família de Nicolas, a qual, muito satisfeita com o procedimento deste, nenhuma atenção prestou ao que lhe acabava de ser referido. Passados dois anos sem incidente algum, veio-se a saber que Nicolas fora preso por haver tomado parte em reuniões revolucionárias que se efetuaram exatamente na época das aparições e das mensagens de Schura. *(Proceedings. S. P. R.*, VI, p. 349 a 359.)

O vice-almirante inglês Usborne Moore era amigo de William Stead. Após a catástrofe do *Titanic,* o almirante entrou em comunicação com o amigo morto, auxiliado pela Sra. Wriedt, médium. É dele próprio a seguinte narrativa.[12]

> W. Stead deu três admiráveis provas de identidade — duas à senhorita Harper e uma a mim mesmo. Aludiu ao último encontro que tivemos em Bank Building. Nessa ocasião conversamos durante uma meia hora sobre diferentes assuntos: desde a guerra entre a Itália e a Turquia até a visita próxima, com que ele contava, da sua excelente amiga, a Sra. Wriedt. Esta visita foi a de que mais falamos, sobretudo por causa de certas condições que desejava fossem observadas. A uma dessas condições especialmente aludiu ele na sessão de domingo à tarde.
>
> Na segunda-feira de manhã, o nosso amigo me apareceu sob uma forma etérea, achando-me eu a sós com o médium. Era um bom espectro, muito brilhante até meio-corpo, mas dessa vez não me falou. Na mesma tarde mostrou-se de maneira idêntica a diversos íntimos e discorreu durante alguns minutos sobre assuntos que, sabia-se, lhe preocupavam o espírito, quando deixara a Inglaterra.

Um outro amigo de Stead, o Sr. Chedo Mijatovitch, ministro plenipotenciário da Sérvia em Londres, viu o Espírito Stead e lhe falou por alguns instantes. Ainda aí o Espírito deu provas formais de sua identidade, lembrando coisas totalmente desconhecidas do médium.

O Sr. Chedo Mijatovitch deu disso testemunho formal em uma carta publicada a 8 de junho no *Light*.

---

[12] Carta de 9 de maio de 1912, publicada no *Light*.

O professor Hyslop também referiu[13] como, em uma sessão, sendo a médium *Mme*. Chenoweth, W. James, o célebre filósofo americano, morto alguns meses antes, comparecera e dera numerosas provas de identidade, especialmente lembrando fatos que só o Sr. Hyslop podia conhecer.

O *Light* de Londres relata um caso notável de identidade por meio da escrita mediúnica. Ei-lo:

> O Sr. Shepard tinha como principal empregado um certo Sr. Purday, em quem depositava inteira confiança. Tendo Purday adoecido, o Sr. Shepard foi visitá-lo. Recebeu-o *Mme*. Purday, que só a muito custo lhe permitiu entrar no quarto do marido, onde o não deixou nunca a sós com o doente, quer durante a primeira visita, quer por ocasião das que se lhe seguiram. Esta circunstância se tornou tanto mais notada pelo Sr. Shepard, quanto com ela concorria a da maneira toda especial por que o doente o olhava, dando a perceber que tinha qualquer coisa de importante a comunicar ao patrão e que somente a presença da mulher o impedia de fazê-lo.

Purday morreu sem testamento; a esposa herdou-lhe a fortuna, que, no dizer dos vizinhos, era considerável, o que muito surpreendeu o senhor Shepard.

Algumas semanas depois, recebeu ele a visita de um Sr. Stafford, médium psicográfico, que lhe entregou uma página de escrita mediúnica, assinada com o nome de Purday. Confessava-lhe este que, por espaço de longos anos, abusara da confiança de que era objeto, praticando diariamente desvios de dinheiro, desvios cuja soma total montava a importante

---
[13] *Journal of American Society P. R.* (maio).

quantia. Acrescentava que, sentindo-se profundamente desgraçado, se resignara àquela confissão, que a mulher o impedira de fazer em vida.

As minúcias com que o fato era exposto permitiram ao Sr. Shepard verificar o delito. Além disso, tendo submetido a comunicação e uma amostra de caligrafia de Purday vivo a um perito, este reconheceu a identidade dos dois escritos.[14]

A 3 de abril de 1890, pelas dez horas da manhã, achava-se a Sra. d'Espérance no seu escritório de Gotemburgo (Suécia), ocupada em escrever muitas cartas sobre negócios. Datou uma folha de papel, traçou o cabeçalho e ficou algum tempo a pensar na ortografia de um nome.

Quando pôs de novo os olhos na folha de papel notou que sua pena ou sua mão escrevera espontaneamente e em grandes caracteres as palavras "Svens Stromberg".

Dois meses depois, o Sr. Alexander Aksakof, o professor Boutlerof, com outros amigos e o Sr. Fidler foram ter com a Sra. d'Espérance para estudarem os melhores meios de se fotografarem fantasmas materializados.

Em uma sessão, o Espírito guia Walter escreveu:

> "Está aqui um Espírito que diz chamar-se 'Stromberg'. Deseja que seus parentes sejam informados de sua morte. Parece-me haver dito que morreu no Wisconsin a 13 de março e ter nascido em Jemtland. Tinha mulher e seis filhos".

---

[14] *Revue Scientifique et Morale du Spiritisme*, fev. 1915.

— Se ele morreu em Jemtland — diz o Sr. Fidler —, que nos dê o endereço da mulher.

Foi-lhe respondido: "Não, ele morreu na América, seus pais é que vivem em Jemtland".

No dia seguinte, no correr de uma sessão de fotografia, revelada uma chapa, viu-se, por detrás da Sra. d'Espérance, uma cabeça de homem com um semblante plácido.

O Sr. Fidler perguntou a Walter quem era aquela entidade fotografada.

"É esse Stromberg de quem te falei", respondeu Walter. "Devo mesmo dizer que ele não morreu no Wisconsin, mas em New Stockholm, e que sua morte ocorreu a 31 de março e não a 13. Seus pais residiam em Strom Stocking, ou outro nome deste gênero, na província de Jemtland. Disse-me ele, creio, que emigrou em 1886, que se casou e teve três filhos e não seis. Morreu estimado e chorado por todos."

— "Está bem" — replicou o Sr. Fidler. —"Devo remeter a fotografia dele à mulher?"

"Ainda não compreendeste bem", retrucou Walter. " Seus pais, residentes em Jemtland, é que lhe ignoram a morte e não a esposa. Disse-me ele que toda a gente o conhece no país; penso que se enviares a fotografia para Jemtland conseguirás o que desejas."

Durante um ano o Sr. Fidler cuidou de verificar estes dados. Chegou ao seguinte resultado: Svens Ersson, natural de Strom

Stocken (paróquia de Strom), na província de Jemtland, na Suécia, se casara com Sarah Kaiser, emigrara para o Canadá e, uma vez estabelecido, tomara o nome de Stromberg. Essa circunstância é muito comum entre os camponeses da Suécia, cujas famílias não usam de apelidos que lhes pertençam.

Consultaram a mulher do falecido, o médico que o tratara e o pastor.

Todos foram acordes em declarar que a 31 de março de 1890, dia da sua morte, Stromberg, ditando suas últimas determinações, exprimira o desejo formal de que seus pais e amigos da Suécia fossem informados do seu falecimento.

Por motivos que seria ocioso enumerar, suas últimas vontades não tiveram execução.

A fotografia de Svens Stromberg também foi identificada. Enviada a Strom, aí a pregaram na parede da sacristia da igreja, com um convite às pessoas que a reconhecessem para que pusessem seus nomes por baixo. Voltou trazendo numerosas assinaturas e muitos comentários.

Ficou assim demonstrado que, sessenta horas depois de morrer no norte do Canadá, Svens Stromberg escreveu seu nome numa folha de papel, na cidade sueca de Gotemburgo, e que todas as indicações que deu por intermédio de Walter eram da mais perfeita exatidão.

* * *

Tendo passado em revista os principais fenômenos que servem de base ao moderno espiritualismo, deixaríamos incompleto o nosso resumo se não disséssemos alguma coisa acerca das objeções apresentadas e das teorias contrárias, com o auxílio das quais se há tentado explicar os mesmos fenômenos.

O Espiritismo, dizem, não é mais do que um conjunto de fraudes e de embustes. Todos os fatos extraordinários que lhe servem de apoio são simulados.

É exato que alguns impostores têm procurado imitar os fenômenos; porém, suas artimanhas hão sido facilmente descobertas e os espíritas os primeiros a assinalá-las. Em quase todos os casos citados acima: aparições, materializações de Espíritos, os médiuns trabalharam atados, amarrados às cadeiras em que se sentavam; muitas vezes os experimentadores foram até ao extremo de lhes segurarem os pés e as mãos. De algumas feitas chegaram mesmo a ser encerrados em gaiolas, especialmente preparadas para esse fim, fechadas a chave, ficando esta em poder dos operadores, que por seu turno cercavam o médium. É em tais condições que numerosas materializações de fantasmas se produziram.

Em suma, as imposturas quase nunca deixaram de ser desmascaradas e muitos dos fenômenos jamais foram imitados pela razão de que escapam a toda e qualquer possibilidade de imitação.

Os fenômenos espíritas têm sido observados, verificados, fiscalizados por sábios céticos, que hão percorrido todos os graus da incredulidade e cujo convencimento só pouco a pouco se operou, sob a pressão contínua dos fatos.

Esses sábios eram homens de gabinete, físicos e químicos experimentados, médicos e magistrados. Tinham todos os requisitos, toda a competência necessária para desmascarar as mais hábeis fraudes e desfazer as tramas mais bem urdidas. Seus nomes figuram entre os que a Humanidade inteira respeita e venera. Ao lado de tantos homens ilustres, todos os que se têm dado a um estudo paciente, consciencioso e perseverante dos fenômenos espíritas lhes afirmam a realidade, enquanto que a crítica e a negação vêm de pessoas cuja opinião, baseada em noções insuficientes, não pode deixar de ser superficial.

A algumas delas sucedeu já o que costuma suceder aos observadores inconstantes. Não obtiveram mais do que resultados insignificantes, não raro até negativos e, em consequência, se tornaram ainda mais céticos. Não quiseram levar em conta uma cláusula essencial: que o fenômeno espírita está sujeito a condições que cumpre sejam conhecidas e observadas.[15] Muito depressa se lhes cansou a paciência. As provas que exigem não podem ser obtidas em poucos dias. Os sábios que formularam conclusões afirmativas e cujos nomes já muitas vezes declinamos, estudaram a questão durante anos e anos. Não se contentaram com o assistir a algumas sessões mais ou menos bem dirigidas e com o auxílio de bons médiuns. Deram-se ao trabalho de pesquisar os fatos, de os classificar e analisar; desceram ao fundo das coisas. O bom êxito, por isso, lhes coroou a perseverança e o método de investigação que puseram em prática se pode apontar como exemplo a todos os investigadores sérios.

Entre as teorias engendradas para explicar os fenômenos espíritas, a da alucinação ocupa sempre lugar saliente. Perdem, porém, toda a sua razão de ser diante das fotografias de Espíritos obtidas por Aksakof, Crookes, Volpi, Ochorowicz, W. Stead e tantos outros. Não se fotografam alucinações!

---

[15] Ver *No invisível*, caps. 9 e 10.

Os Invisíveis impressionam não só as chapas fotográficas, mas também instrumentos de precisão, como os registradores Marey;[16] suspendem, decompõem e compõem objetos materiais; deixam marcas na parafina quente. Tudo isso são outras tantas provas contra a teoria da alucinação, quer individual, quer coletiva.

Alguns críticos veem nos fenômenos espíritas vulgaridade, grosseria, trivialidade e os consideram ridículos. Essas apreciações demonstram a incompetência de tais críticos. As manifestações não podem ser diversas do que seriam se fossem produzidas pelo mesmo Espírito, quando em vida na Terra. A morte não nos muda e, no Além, somos apenas o que nos tornamos neste mundo. Daí a inferioridade de tantos seres desencarnados.

Por outro lado, as manifestações triviais e grosseiras têm sua utilidade: são as que melhor revelam a identidade do Espírito. Graças a elas, grande número de experimentadores se convenceram da realidade da sobrevivência e foram levados pouco a pouco a observar, a estudar fenômenos de ordem mais elevada, por isso que, como temos visto, os fatos se encadeiam e se ligam numa ordem graduada, em virtude de um plano que parece indicar a ação de uma potência, de uma vontade superior, que procura arrancar a Humanidade da indiferença e impedi-la para a indagação e o estudo de seus destinos. Os fenômenos físicos: mesas falantes, casas assombradas, eram necessários para atrair a atenção dos homens, mas neles não se deve ver mais do que meios preliminares, um encaminhamento para domínios mais elevados do saber.

Em cada século, a História retifica seus juízos. O que parecia grande se amesquinha, o que parecia pequeno se engrandece. Já

---

[16] Ver *Annales des Sciences Psychiques*, ago., set. e nov. 1907 e fev. 1909.

hoje se começa a compreender que o Espiritismo é um dos mais consideráveis acontecimentos dos tempos modernos, uma das mais notáveis formas da evolução do pensamento, o gérmen de uma das maiores revoluções morais de quantas o mundo haja conhecido.

Pelo que respeita ao estudo das manifestações psíquicas, os espíritas sabem que se acham em boa companhia. Os nomes ilustres de Russel Wallace, de Crookes, de Robert Hare, de Wagner, de Flammarion, de Myers, de Lombroso são citados. Veem-se também sábios como o professor Barrett, Hyslop, Morselli, Botazzi, William James, Lodge, Richet, o coronel de Rochas e outros, que não consideram estes estudos indignos da sua atenção. Que pensar, depois disso, das pechas de ridículo e de loucura? Que provam elas senão uma coisa contristadora: que o reino da rotina cega persiste em muitos meios? O homem propende muitas vezes a julgar os fatos segundo o horizonte acanhado de seus preconceitos e conhecimentos. Cumpre-lhe levantar mais, dirigir mais longe o seu olhar e medir a sua fraqueza em face do Universo. Desse modo aprenderá a ser modesto, a nada rejeitar nem condenar sem exame.

* * *

Tem-se procurado explicar todos os fenômenos do Espiritismo pela sugestão e pela dupla personalidade. Nas experiências, dizem, o médium se sugestiona a si mesmo, ou, melhor, sofre a influência dos assistentes.

A sugestão mental, que não é mais do que a transmissão do pensamento, malgrado as dificuldades que apresenta, se pode compreender e estabelecer entre dois cérebros organizados, por exemplo, entre o magnetizador e o magnetizando. Poder-se-á, porém, acreditar que a sugestão atue sobre mesas? Pode-se admitir que objetos inanimados se mostrem aptos a receber e reproduzir as impressões dos assistentes?

Não haveria meio de explicar-se por essa teoria os casos de identidade, as revelações de fatos, de datas, ignorados do médium e dos assistentes, que se produzem frequentemente nas experiências, e menos ainda manifestações contrárias à vontade de todos os espectadores. Muitas vezes, particularidades absolutamente desconhecidas de todo o ser vivo na Terra são reveladas por médiuns e depois verificadas e reconhecidas verdadeiras. Notáveis exemplos se encontram na obra de Aksakof: *Animismo e espiritismo* e na de Russel Wallace: *Moderno espiritualismo,* assim como casos de mediunidade comprovados em crianças de pouca idade, os quais, tanto quanto os precedentes, não poderiam ser explicados pela sugestão.

Segundo os Srs. Pierre Janet e Ferré[17] — e é essa uma explicação de que amiúde se servem os adversários do Espiritismo —, deve-se equiparar um médium psicográfico a um hipnotizado, a quem se sugere uma personalidade durante o sono e que, ao despertar, perde a lembrança da sugestão. O sensitivo escreve inconscientemente uma carta, uma narração relativa à personagem imaginária. É esta, dizem, a origem de todas as mensagens espíritas.

Todos os que possuem alguma experiência do Espiritismo sabem que semelhante explicação é inadmissível. Os médiuns, escrevendo automaticamente, não são de antemão imersos no sono hipnótico. É, em geral, despertos, na plenitude de suas faculdades e do seu *eu* consciente, que eles escrevem sob a impulsão

---
[17] Pierre Janet — *L' Automatisme Psychologique.*

dos Espíritos. Nas experimentações do Sr. Janet, há sempre um hipnotizador em ligação magnética com o paciente. Não se dá o mesmo nas sessões espíritas: nem o evocador, nem os assistentes atuam sobre o médium; este ignora absolutamente o caráter do Espírito que se vai manifestar. Muitas vezes até as questões são propostas aos Espíritos por incrédulos, mais propensos a combater a manifestação do que a facilitá-la.

O fenômeno da comunicação gráfica não consiste unicamente no caráter automático da escrita, mas sobretudo nas provas inteligentes, nas identidades que fornece. Ora, as experiências do Sr. Janet nada produzem que com isso se pareça. As comunicações sugeridas aos pacientes hipnotizados são sempre de uma banalidade desesperadora, enquanto que as mensagens dos Espíritos nos trazem de contínuo indicações, revelações que entendem com as vidas presentes e passadas de seres que conhecemos na Terra, que foram nossos amigos ou parentes, particularidades ignoradas do médium e cujo caráter de certeza as distingue em absoluto dos trabalhos de hipnotismo.

Por meio da sugestão hipnótica ninguém conseguirá que analfabetos escrevam, nem que um móvel dite poesias como as que recebeu o Sr. Jaubert, presidente do Tribunal de Carcassonne, e foram premiadas nos jogos florais de Toulouse. Tampouco, por aquele meio, se conseguirá suscitar o aparecimento de mãos, de formas humanas, e menos ainda os escritos de que se cobrem as lousas trazidas por observadores, que não as largam um instante.

Convém lembrar que a Doutrina dos Espíritos se constituiu com o auxílio de numerosas mensagens obtidas por médiuns escreventes, dos quais eram totalmente desconhecidos os ensinos transmitidos. Quase todos haviam sido criados desde pequeninos na doutrina da Igreja, na crença de um paraíso, e de um inferno. Suas convicções religiosas, as noções que tinham da vida futura estavam em flagrante oposição com os princípios expostos pelos Espíritos. Falecia-lhes qualquer ideia da reencarnação, ou das vidas sucessivas da alma, assim como da verdadeira situação do Espírito após a morte, assuntos todos esses constantes das mensagens recebidas. Aí temos uma objeção irrefutável à teoria da sugestão.

É evidente que, no enorme acervo de fatos espíritas atualmente registrados, muitos são fracos, pouco concludentes; outros podem ser explicados pela sugestão ou pela exteriorização do sensitivo. Em certos grupos espíritas há extrema facilidade em aceitar-se tudo como proveniente dos Espíritos, sem a cautela de pôr de parte fenômenos duvidosos. Mas, por grande que seja o número destes, resta sempre um conjunto imponente de manifestações inexplicáveis pela sugestão, pelo inconsciente, pela alucinação, ou por outras teorias análogas.

Os críticos procedem sempre do mesmo modo com o Espiritismo. Consideram tão somente um gênero especial de fenômenos e, de intento, afastam da discussão tudo que não logram compreender nem refutar. Desde que julgam estar de posse da explicação de alguns fatos isolados, apressam-se em concluir pelo absurdo do conjunto. Ora, quase sempre, as explicações que dão são inexatas e deixam de lado as provas mais frisantes da existência dos Espíritos e da sua intervenção nas coisas humanas.

Os professores Taine, Flournoy, os doutores Binet e Grasset e outros aventaram as teorias da dupla consciência e da alteração da personalidade, para explicarem os fenômenos da escrita e da incorporação; mas os sistemas que preconizam não se conformam com os fatos de escrita em línguas estrangeiras ignoradas do médium, tal como sucedeu com a filha do grande juiz Edmonds (ver *O problema do ser, do destino e da dor,* cap. 7). Não se conformam igualmente com os autógrafos obtidos de alguns defuntos, nem ainda com os fenômenos de escrita produzidos por analfabetos.[18]

Nenhuma daquelas hipóteses explica os fatos de escrita direta, conseguida pelo Sr. de Guldenstubbè, sem contato, em folhas de papel não preparadas,[19] como também não explica a experiência relatada por *Sir* W. Crookes,[20] e na qual a mão de um Espírito, materializada, desceu do forro, às suas vistas, no seu próprio gabinete de trabalho, enquanto ele mantinha seguras as duas mãos da médium Kate Fox.

Em todas essas teorias quase constantemente se confunde o subconsciente, ou o subliminal, quer com o duplo fluídico, que não é um ser mas um organismo, quer com o Espírito preposto à guarda da alma encarnada neste mundo.

O pastor Benezech, que os fatos converteram ao Espiritismo, demonstrou excelentemente tudo que há de arbitrário e de inverossímil nessas pretensas explicações científicas. Num livro recente escreveu ele a esse respeito:[21]

A mesa revelava uma coisa que material, absoluta e incontestavelmente nos era impossível saber. Alguém a conhecia em nosso lugar, pois que no-la dizia. A memória latente não teve possibilidade de intervir e, se só o subconsciente esteve em ação, que poder não é o seu! Ele existe em nós, é uma parte de nosso próprio ser,

---

[18] Ver Aksakof – *Animismo e espiritismo.*
[19] Ver *No invisível.*
[20] Ver Crookes – *Fatos espíritas.*
[21] A. Benezech – *Les Phénomènes psychiques et la question de l'au-de-là,* 1 vol., Fischbacher, 1911.

por capricho da natureza que equivale, quando refletimos nisso, aos mais inverossímeis prodígios: pensa, concebe projetos, executa-os, tudo à nossa revelia, e em seguida nos diz o que realizou, não quando nos achamos adormecidos e a sonhar, mas perfeitamente acordados e à espera do que se vai dar.

"Os amadores do fantástico têm com que se regalar."

No seu último livro,[22] *Sir* Oliver Lodge refere, nestes termos, um fato que nenhuma das teorias tão caras aos adversários do Espiritismo pode explicar:

> O texto seguinte obteve-o o Sr. Stainton Moses, quando, em sessão na biblioteca do Dr. Speer, conversava, por intermédio de sua mão, que escrevia automaticamente, com diversos interlocutores invisíveis:
>
> S. M. – Podeis ler?
>
> Resp. – Não, amigo, não posso, mas Zacharie Gray assim como Rector podem fazê-lo.
>
> S. M. – Algum desses Espíritos está aqui?
>
> Resp. – Vou buscar um imediatamente. Vou mandar... Rector aí está.
>
> S. M. – Perguntei se podíeis ler. É verdade? Podeis ler um livro?
>
> Resp. – (A caligrafia muda.) Sim, amigo, mas dificilmente.

---

[22] *La Survivance humaine*, por *Sir* Oliver Lodge, traduzido para o francês pelo Dr. Bourbon, Paris, Felix Alcan, editor.

S. M. – Queira ter a bondade de escrever a última linha do Primeiro Livro de *Eneida*.

Resp. – Espere... *Omnibus errantem terris et fluctibus œstas*.

(Era isso exatamente.)

S. M. — Está bem. Mas é possível que eu o soubesse. Podeis ir à biblioteca, tomar o penúltimo volume da segunda prateleira e ler-me o último parágrafo da página 94? Não sei qual é o livro e lhe ignoro até o título.

(Depois de pequeno lapso de tempo, obteve-se o seguinte, por meio da escrita automática): "Provarei por uma breve narrativa histórica ser o papado uma novidade que, gradualmente, se formou e cresceu desde os tempos primitivos do Cristianismo puro, não só desde a era apostólica, porém mesmo desde a lamentável união da Igreja e do Estado por Constantino".

O volume em questão se verificou ser o de uma obra extravagante que tinha por título: *Rodger's Antipopopriestian, an attempt to liberate and purify Christianity from Popery, Politikirkality and Priestrule*.

O extrato dado acima estava fiel, com exceção da palavra *narrative*, que substituíra o termo *account*.

S. M. – Como é que fui indicar um trecho tão a propósito?

Resp. – Não sei, meu amigo, efeito de coincidência. A palavra foi trocada por erro. Percebi-o quando já o tinha cometido e não quis corrigi-lo.

S. M. – Como ledes? Escrevíeis mais devagar, por pedaços e aos arrancos.

Resp. – Escrevia aquilo de que me lembrava e ia em seguida ler para diante. É preciso fazer um esforço especial para ler. Isto nenhuma utilidade apresenta senão como prova. Tinha razão o vosso amigo ontem à noite; podemos ler, mas só quando são favoráveis as condições. Vamos ler mais uma vez, escreveremos e depois vos indicaremos o livro: "Pope é o último grande escritor dessa escola de poesia, a poesia da inteligência, ou antes, da inteligência casada com a imaginação". Este trecho se acha realmente escrito. "Procurai no undécimo volume da mesma prateleira."

(Apanhei um livro intitulado: *Poesia, romance e retórica*.)

"Ele vai abrir-se na página desejada. Tomai, lede e reconhecei o nosso poder e a permissão que nos concede DEUS, grande e bom, de vos mostrarmos a ação que temos sobre a matéria. Glória a Ele. Amém." O livro, aberto na página 145, mostrou que a citação fora absolutamente verdadeira. Eu nunca passara antes os olhos pelo volume; é fora de dúvida, pois, que nenhuma ideia tinha acerca do que nele estava escrito. (S. M.) (Estes volumes pertenciam à biblioteca do Dr. Speer).

Nas últimas páginas do mesmo livro, concluindo, escreveu Oliver Lodge, depois de haver narrado inúmeros fatos:

> Verificamos que amigos defuntos, alguns dos quais nos eram muito conhecidos e tiveram parte ativa nos trabalhos da Sociedade quando vivos, especialmente Gurney, Myers e Hodgson, constantemente procuram comunicar-se conosco

na intenção bem clara de pacientemente provarem suas identidades e de nos darem correspondências cruzadas por diferentes médiuns. Verificamos também que eles respondem a perguntas especiosas, de um modo que é característico de suas conhecidas personalidades, dando testemunho de conhecimentos que lhes eram peculiares.

Os teoristas do subconsciente fazem deste um ser dotado de transcendentes faculdades intelectuais. Que há então de extraordinário que certas manifestações do Espírito pareçam ser assim por eles explicadas? Mas, ao passo que a teoria espírita é clara, precisa e se adapta perfeitamente à natureza dos fenômenos, a hipótese da subconsciência se mostra vaga e confusa.

Diante dos fatos que acabamos de assinalar, é lícito perguntar-se em virtude de que acordo universal os inconscientes sepultados no homem, ignorando-se uns aos outros e ignorando-se a si mesmos, são unânimes, no curso das manifestações ocultas, em se dizerem Espíritos dos mortos? Como poderiam conhecer e comunicar minúcias sobre a identidade dos mesmos mortos?

É o que temos logrado comprovar nas inúmeras experiências em que temos tomado parte, durante mais de trinta anos, em diversos pontos do globo, na França e no estrangeiro. Jamais os Seres Invisíveis se nos apresentaram como sendo os inconscientes ou os *eu* superiores dos médiuns e das outras pessoas presentes. Sempre se anunciaram como personalidades diferentes, no gozo pleno de suas consciências, com individualidades livres, que viveram na Terra, conhecidos dos assistentes, na maioria dos casos com todos os caracteres do ser humano, suas qualidades e seus defeitos, e, frequentemente, forneciam provas de sua própria identidade.[23]

---

[23] Ver *No invisível*, cap. 20.

O que há de mais notável em tudo isto, parece-nos, é a engenhosidade, a fecundidade de certos pensadores, a habilidade que denotam em arquitetar teorias fantasistas, com o fim de fugirem a realidades que lhes desagradam e os embaraçam.

Sem dúvida não previram todas as consequências de seus sistemas, fecharam os olhos aos resultados que deles se pode esperar. Sem atenderem a que estas doutrinas funestas aniquilam a consciência e a personalidade, separando-as, chegando logicamente, fatalmente, à negação da liberdade, da responsabilidade e, por conseguinte, à destruição de toda a Lei Moral.

Efetivamente, tivessem realidade tais hipóteses, o homem seria uma dualidade ou uma pluralidade mal equilibrada, em que cada consciência agiria a seu talante, sem se incomodar com as outras. São essas noções que, penetrando nas almas e tornando-se para elas uma convicção, um argumento, as levam a todos os excessos.

Ao contrário, tudo na Natureza e no homem é simples, claro, harmônico e só parece obscuro e complicado por efeito do espírito de sistema.

Do exame atento, do estudo constante e aprofundado do ser humano, uma coisa resulta — a existência, em nós, de três elementos: o corpo físico, o corpo fluídico ou perispírito e, enfim, a alma ou espírito. Aquilo a que chamam o inconsciente, a segunda pessoa, o *eu* superior, a policonsciência etc., é apenas o espírito que, dadas certas condições de desprendimento e de clarividência, vê surgir em si, como manifestação de poderes ocultos, um conjunto de recursos que as anteriores existências lhe armazenaram e que se achavam momentaneamente escondidos sob o véu da carne.

Não, certamente, o homem não tem diversas consciências. A unidade psíquica do ser é condição essencial de sua liberdade e de sua responsabilidade. Há nele, sim, diversos estados de consciência. À medida que o Espírito se desprende da matéria e se liberta do envoltório carnal, suas faculdades, suas percepções se dilatam, suas lembranças despertam, a irradiação da sua personalidade se amplia. É isso o que algumas vezes se produz no estado de sono magnético. Em tal estado o véu da matéria cai, a alma se liberta e suas potências latentes ressurgem. Daí, algumas manifestações de uma mesma inteligência, que deram azo à crença numa dupla personalidade, numa pluralidade de consciências.

Entretanto, semelhante ideia não basta para explicar os fenômenos espíritas; na maior parte dos casos, a intervenção de entidades estranhas, de vontades livres e autônomas se impõe, como sendo a única explicação racional.

Inutilmente, pois, os críticos se encarniçam contra o Espiritismo. Desde que os examinemos com atenção, seus argumentos se desfazem como o fumo: alucinação, sugestão, inconsciente subliminal, nada mais são do que palavras. Aqueles que as põem em uso pensam ter dito tudo. Na realidade, porém, nada explicam e os problemas subsistem em toda a sua extensão. A prática do Espiritismo apresenta, é certo, sombras, dificuldades, perigos. Mas, não esqueçamos que não há no mundo coisa alguma, por mais bela e proveitosa que seja, que não se torne perigosa logo que dela se abuse.

O mesmo acontece com o Espiritismo. Estudai-lhe as leis, obedecei-lhe às regras, não abordeis a experimentação senão possuídos de sentimento puro e elevado e lhe reconhecereis bem depressa a grandiosidade e a beleza. Compreendereis que se tornará a força moral do futuro, a prova mais certa da sobrevivência, a consolação dos desgraçados, o supremo refúgio dos náufragos da vida. Já por toda parte ele penetra. A literatura se mostra dele impregnada. A imprensa periódica lhe consagra frequentes artigos. A Ciência, que por tanto tempo o repeliu, muda pouco a pouco de atitude no que lhe diz respeito. As Igrejas, que supunham destroçá-lo facilmente, se veem na contingência de recorrer a todas as armas para combatê-lo. Em muitos púlpitos seu poder é mesmo proclamado; todos os dias vemos sacerdotes veneráveis, pastores e crentes lhe darem testemunho de fé.

Ele triunfará, pois que é a verdade e à verdade nada pode resistir. Seria tão difícil deter a marcha dos astros, paralisar o movimento da Terra, quanto obstar aos progressos desta verdade que se revelou ao mundo e fazer que os homens regredissem às suas dúvidas, às suas incertezas, às suas negações anteriores.

* * *

Resumamos e concluamos. Através da espessa bruma em que flutua há tantos séculos o pensamento humano, tateando em busca do desconhecido, o fenômeno espírita faz passar um grande facho de luz. As quimeras que o passado engendrou se dissipam: não mais separação definitiva, não mais inferno eterno! O Além se revela nas suas misteriosas profundezas, onde se desdobra a vida infinita, onde atuam as Forças Divinas. A angústia das partidas, o desespero das separações cedem lugar à alegria do regresso e à inebriante promessa das reuniões entrevistas.

Todas as almas que se amam tornam a encontrar-se, a fim de prosseguirem juntas na sua evolução ascendente, de vida em vida, de mundo em mundo, e subirem para a perfeição, para DEUS, banhadas de uma luz cada vez mais viva, ao seio de harmonias sempre e sempre mais grandiosas. A revelação dos Espíritos, feita em inúmeras mensagens faladas e escritas, recebidas em todos os pontos do globo, vem mostrar-nos o supremo alvo da vida, de todas as nossas vidas.[24]

Essa meta é a liberação pelo trabalho, pelo esforço, pelo estudo, pelo sofrimento, pela lenta educação da alma mediante todas as condições da vida social, que lhe cumpre suportar alternativamente; a liberação do mal, do erro, da paixão, da ignorância; é a arte de aprender a pensar por si mesmo, de julgar, de compreender todas as harmonias, todas as leis do sublime Universo. É a conquista da beleza, da liberdade, da bondade: a beleza da forma fluídica, do corpo etéreo que se transforma, ilumina e expande, à medida que o espírito se aclara, purifica e eleva; a beleza da alma que se enriquece de qualidades morais, de forças e de faculdades novas.

Assim, de ascensão em ascensão, de mundo em mundo a princípio, depois de sol em sol, no ciclo imenso de sua evolução, a alma vê aumentar seu poder de irradiação, sua luminosidade. Pela elevação gradual de seus pensamentos e pela pureza de seus atos chega a pôr em harmonia suas próprias vibrações com as vibrações do pensamento divino e daí lhe decorre uma fonte abundantíssima de sensações, de percepções, de gozos, que a palavra humana é impotente para descrever.

Tal a missão a desempenhar! Mas isto ainda não basta. Trabalhando para si mesma, corre-lhe o dever de trabalhar para os outros, para a elevação de todos, para a marcha progressiva das

---

[24] Ver *Depois da morte, O problema do ser, do destino e da dor, Cristianismo e espiritismo*.

humanidades, para a unificação dos pensamentos, das crenças, das aspirações. Orientando para um ideal grandioso de porvir, de progresso moral, de luz, na vida sempre renovada, pela qual todos os seres se encontram unidos numa íntima solidariedade, numa comunhão de verdade e de amor, o homem chegará a melhor conhecer, a melhor compreender, a melhor servir a DEUS.

Aos que percorrerem estas páginas direi, terminando: nos momentos difíceis da vida, na hora das provações, quando perderdes um ente amado, ou quando esperanças de há muito acariciadas vierem a desfazer-se, quando ficardes sem saúde e sentirdes que a vida se vai enfraquecendo aos poucos e aproximando-se o derradeiro minuto, aquele em que tereis de deixar a Terra; se, nesses instantes, a incerteza ou a angústia vos constrangerem o coração, lembrai-vos da voz que hoje vos clama: Sim, há um Além! sim, há outras vidas! Dos nossos sofrimentos, trabalhos e lágrimas nada se perde. Nenhuma provação é inútil, nenhum labor sem proveito, nenhuma dor sem compensação... Tende confiança em vós mesmos, confiança nas forças interiores que possuís, confiança no futuro sem-fim que vos está reservado. Tende a certeza de que há no Universo uma Potência Soberana e Paternal, que tudo dispôs com ordem, justiça, sabedoria e amor. Essas ideias vos inspirarão mais segurança na vida, mais coragem na prova, mais fé em vossos destinos. E avançareis com passo firme pela estrada infinita que se abre diante de vós.

Estudo sobre a reencarnação ou as vidas sucessivas

Resposta ao inquérito aberto pela revista internacional
La Philosophie de la Science, *setembro de 1912.*

I

A doutrina da reencarnação ou das vidas sucessivas é a única que aclara com uma luz viva o problema do destino humano. Sem ela a vida se nos apresenta como um tecido de contradições, de incertezas, de trevas. Só ela explica a variedade infinita dos caracteres, das aptidões, das condições.

Assim como a glande encerra, no estado de gérmen, o carvalho soberbo em seu majestoso desenvolvimento; assim como a semente minúscula representa a flor na expansão da sua beleza e de seus perfumes, assim a alma humana, por muito inferior que seja, possui, em estado latente, os elementos de sua grandeza, de seu poder, de sua felicidade futura, todas as forças do pensamento, todos os recursos do gênio. Cumpre-lhe desenvolvê-los na série das vidas inumeráveis, nas suas encarnações tempo em fora, através dos mundos, pelo trabalho, pelo estudo, pela alegria, pela dor.

A própria alma constrói seu destino. A cada renascimento traz, dos seus trabalhos anteriores, o fruto, que se revela pelas aptidões, pelas faculdades de assimilação, pelas tendências, pelos gostos. Traz também o capital moral que suas vidas passadas acumularam. Conforme a seus méritos ou deméritos, conforme ao bem ou ao mal praticado, a nova vida lhe será feliz ou desgraçada, dominada pela fortuna ou pelo revés. Tudo o que fazemos recai sobre nós pelo tempo adiante em felicidade ou em dores. O purgatório e o inferno se encontram nas amarguradas existências terrenas, por meio das quais resgatamos um passado de culpas, purificamos nossas consciências, aliviamos nossas almas e nos preparamos para novas ascensões.

Só a dor, efetivamente, pode consumir e destruir os germens impuros, os fluidos grosseiros que tornam pesado o ser psíquico e lhe retardam a elevação.

Considerada deste ponto de vista, a doutrina das reencarnações restabelece a justiça e a harmonia no mundo moral. Sendo, como é, o mundo físico regido por leis ordenadoras, pode dar-se que no mundo psíquico só haja desordem e confusão, conforme ressalta da crença numa vida única para cada um de nós? A filosofia das vidas sucessivas vem restabelecer o equilíbrio e mostrar-nos que a mesma ordem admirável se verifica nas duas faces do Universo e da vida, que se reúnem e fundem numa unidade perfeita.

Fácil é de reconhecer-se que, tanto sob o ponto de vista moral como sob o aspecto social, imensos são os resultados desta doutrina. Graças a ela, o homem adquire uma noção mais exata do seu valor, das forças adormecidas dentro de si, uma ideia mais elevada de suas responsabilidades e do seu dever. A lei segundo a qual a consequência dos atos recai sobre aquele que os pratica é a mais sólida sanção que se possa oferecer à moral e a sua demonstração está no espetáculo dos males e das provações que assaltam a Humanidade. A liberdade e a responsabilidade do ser, muito restritas no início da sua carreira, aumentam e crescem à medida que ele sobe na escala da evolução, até que, chegado às supremas alturas, lhe é dado colaborar e participar cada vez mais da Obra e da Vida Divinas.

Ao mesmo tempo, o homem se sente intimamente ligado aos seus semelhantes, peregrinos, com ele, da grande viagem eterna e aos quais irá encontrando nos diferentes planos do caminho. Sabendo que lhe é preciso passar por todas as condições para perfazer a educação da alma, sabendo também que o devotamento, o espírito de sacrifício, de abnegação e de solidariedade são os meios mais eficazes para progredir, ele se sentirá com melhores disposições para aceitar as disciplinas sociais e para trabalhar pela coletividade. Por esse modo, a maior parte dos abusos, dos excessos, dos crimes que afligem a sociedade atual, se atenuarão e dissiparão pouco a pouco. A educação se transformará com o ideal e o objetivo essencial da vida, e o homem aprenderá a adaptar melhor suas forças interiores aos verdadeiros fins que é chamado a realizar.

Fios misteriosos ligam todos os seres e todas as coisas. O amor e o ódio são forças atrativas. Todos os que se hão amado, todos os que se hão odiado se reencontrarão cedo ou tarde, a fim de que a afeição que une os primeiros aumente ainda e se apure e que a aversão que separa os outros seja vencida por melhores relações e mútuos serviços. Finalmente, liberto de suas paixões materiais, todos se acharão reunidos na existência superior e bem-aventurada. Assim, a doutrina das vidas sucessivas constitui um estimulante poderoso para o bem, uma consolação e um reconforto na desgraça.

II

O valor científico desta doutrina não é menos considerável do que o seu valor moral e social. Com efeito, incitando-nos a procurar as provas experimentais que lhe servem de apoio, ela nos coloca em presença dos aspectos mais profundos e mais ignorados da natureza humana.

Pelo que me concerne pessoalmente, já pude colher algumas provas de minhas vidas anteriores. Consistem essas provas diferentes, por meio de médiuns que se não conheciam e que jamais tiveram relação entre si. Tais revelações são concordes e idênticas. Além disso, logrei verificar-lhes a exatidão pela introspecção, isto é, por um estudo analítico e atento do meu caráter e da minha natureza psíquica.

Este exame me fez descobrir, muito acentuados em mim, os dois principais tipos de homem que realizei no curso das idades e que dominam todo o meu passado: o monge estudioso e o guerreiro. Ser-me-ia possível ajuntar numerosas impressões e sensações que me permitiram reconhecer, nesta vida, seres já encontrados anteriormente.

Creio que muitos homens, observando-se com atenção, conseguiriam constituir seu passado pré-natalício, senão nas minúcias, pelo menos nas grandes linhas.

Mas é sobretudo pela hipnose, pelo transe, pelo desprendimento da alma que o passado pode ressurgir e reviver. Fiz com muitos pacientes experiências nesse sentido. Adormecidos, quer por mim, quer por entidades invisíveis, eles reproduziam cenas de suas existências precedentes, cenas pungentes ou trágicas, que nenhum teria podido ou sabido inventar, por muitas razões. Algumas particularidades dessas vidas se puderam examinar e foram reconhecidas como verdadeiras. Infelizmente, a natureza toda íntima dos fatos não me consente entregá-los à publicidade.

O coronel de Rochas fez, seguindo a mesma ordem de estudos, experiências que relatei e resumi em meu livro: *O problema do ser, do destino e da dor,* capítulo 14 Acrescentei-lhes outros testemunhos provindos dos príncipes Galitzin e Wiszniewsky e de muitos experimentadores espanhóis.

Em resumo, todos esses fatos demonstram que a nossa personalidade é muito mais ampla do que até hoje se acreditou. Nossa consciência e nossa memória têm profundezas que se conservam mudas enquanto nos achamos despertos, mas que, no sono hipnótico e no estado de desprendimento, se revelam e entram em ação. Aí repousa um mundo de conhecimentos, de lembranças, de impressões acumuladas por nossas vidas antecedentes e que o véu da carne ocultou ao renascermos. É a isso que alguns experimentadores e críticos chamam consciência subliminal, subconsciência superior ou o ser subconsciente. Na realidade, não há aí mais do que um estado do ser que constitui a consciência integral, a plenitude do eu. Quanto mais profundo é o sono, mais o desprendimento da alma se acentua e as camadas veladas da memória começam a vibrar: o passado ressuscita e revive. O ser pode então recompor as cenas longínquas, os quadros da sua própria história. Essa ordem de pesquisas constitui uma psicologia nova e amplificada, cujo estudo atento, junto a uma observação rigorosa, revolucionará a ciência da alma e ocasionará uma renovação completa da Filosofia e da Religião.

Às experiências indicadas acima convém acrescentar as reminiscências de homens e de crianças. Grande número de casos desses citei em *O problema do ser, do destino e da dor,* capítulo 15 Poderia aditar os de muitas crianças se lembrarem de suas vidas anteriores, casos que não se explicam nem pela imaginação, nem pela influência do meio, porquanto os pais, na sua maioria, são hostis à ideia de reencarnação. Semelhantes fenômenos desaparecem com o crescimento, quando a consciência profunda, de alguma forma sepultada sob o invólucro carnal, deixa de vibrar. As reminiscências de homens célebres se explicam pelo grau de evolução e o apuramento dos sentidos psíquicos.

A esses casos acrescentarei um, citado pelo Sr. H. Varigny, no folhetim científico do *Journal des Débats,* de 11 de abril de 1912:

Segundo um autor que muito conviveu com os Birmans e os estimulou, consagrando-lhes um livro de grande interesse, o Sr. Fielding Hall relatou o fato seguinte, que não é mais do que *unum et pluribus*. Entre os Birmans, encontrar-se-iam frequentemente crianças que se recordavam de vidas anteriores. Infelizmente essa lembrança se apaga e desaparece com a idade.

Cinquenta anos antes, duas crianças, um menino e uma menina, nasceram no mesmo dia e na mesma aldeia. Para abreviar: casaram-se e morreram na mesma data, depois de terem fundado uma família e praticado todas as virtudes.

Sobrevieram dias agitados, diz a história, cuja lembrança, entretanto, pouca utilidade tem para esta narrativa. Basta dizer-se que dois jovens de sexos diferentes foram obrigados a fugir da aldeia, onde o primeiro episódio se passara, e foram estabelecer-se alhures. Tiveram dois filhos gêmeos. Aqui começa o segundo episódio.

Os dois gêmeos, em lugar de se tratarem pelos respectivos nomes, se designavam pelos nomes (muito semelhantes) do casal virtuoso que morrera; por conseguinte, uma das crianças dava a outra um nome feminino.

Os pais se admiraram disso um pouco, porém logo compreenderam o que havia. Para eles o casal virtuoso se reencarnara nos meninos. Quiseram tirar a prova. Levaram ambos à aldeia onde tinham nascido. Reconheceram tudo: estradas, casas, pessoas, até as roupas do casal, conservadas sem que se saiba por que razão. Um se lembrou de haver emprestado certa soma a determinada pessoa, que ainda vivia e confirmou o fato.

Ao Sr. Fielding Hall, que viu os dois meninos quando tinham seis anos, parecia que um apresentava aspecto um tanto feminil: era o que abrigava a alma da mulher defunta. Antes da reencarnação, viveram, dizem os dois, algum tempo sem corpo, nos galhos das árvores, mas suas reminiscências se vão tornando cada vez menos nítidas e se apagam: as da vida anterior, naturalmente.[25]

III

1. Conforme o demonstramos em *O problema do ser, do destino e da dor*, capítulo 15 — *As vidas sucessivas. Os meninos-prodígio*

---

[25] Ver folhetim científico do *Journal des Débats*, 11 de abril de 1912, por Henri de Varigny.

e a hereditariedade —, o caráter individual não se pode explicar unicamente pelas leis do atavismo e da hereditariedade. Se se encontram nos filhos, às vezes fortemente acentuadas, as qualidades ou os defeitos dos ascendentes, verificam-se também traços distintivos, que não podem provir senão de aquisições pessoais, anteriores ao nascimento. Os gêmeos são, não raro, de caracteres muito dissemelhantes e os meninos-prodígio possuem talentos que os pais não acusam.

Descartes, Leibniz e Kant tiveram uma certa intuição destes fatos, Descartes, sobretudo, na sua teoria das ideias inatas; mas só o espiritualismo experimental contemporâneo pôde lançar luz sobre tais problemas.

2. A lei das reencarnações é conforme ao princípio de evolução, aclara-o e completa. Somente, em vez de lhe procurar a causa inicial na matéria, a coloca no espírito, livre e responsável, que por si mesmo constrói as formas sucessivas que revestirá para percorrer a escala magnífica dos mundos.

3. Na obra já citada expus as razões que tornam necessário e justificam o esquecimento das existências anteriores durante a nossa passagem pela Terra. Na maioria dos casos, a lembrança seria um entrave ao nosso progresso, uma causa de inimizade entre os homens. Perpetuaria, entre as gerações, os ódios, os ciúmes, os conflitos de toda ordem. A alma, depois de ter bebido a água do Letes, recomeça uma outra carreira, mais livre de construir a sua existência em um novo e melhor plano, liberta dos preconceitos, das rotinas, dos erros e dos rancores passados.

4. Todas as grandes religiões se hão baseado na crença nas vidas sucessivas: o Bramanismo, o Budismo, o Druidismo, o

Islamismo (ver surata II, v. 26 do *Alcorão*; surata VII, v. 55; surata XVII, v. 52; surata XIV, v. 25). O Cristianismo primitivo não abriu exceção à regra. Traços desta doutrina se nos deparam no Evangelho. Os padres gregos: Orígenes, Clemente de Alexandria e a maior parte dos cristãos dos primeiros séculos a admitiam (ver minha obra *Cristianismo e espiritismo,* caps. 3 e 4 e Nota complementar 5). O Catolicismo julgou dever deixar na sombra esse ensino e substituí--lo pela teoria de uma vida única e pelo dogma das penas eternas, como mais eficazes para a salvação das almas e talvez mais ainda para a dominação da Igreja. Daí, acreditamos, a sua atual impotência para dar solução satisfatória ao problema da vida e do destino, uma das razões do seu enfraquecimento e da sua decadência.

Índice geral[126]

A

Abdullah, médium
   Alexander Aksakof e – 22, nota

Academia Real de Londres
   Oliver Lodge, Sir, membro da – 13
   Russel Wallace e – 12

Aksakof, Alexander
   Abdullah, médium, e – 22, nota
   Animismo e espiritismo, livro, e – 57, 60, nota
   d'Espérance, Sra., médium, e – 50
   fotografia de Espíritos e – 54
   fotografia de fantasmas materializados e – 50
   fenômeno espírita e – 18
   mensagem de Schura, Espírito, e – 46

Além *ver* Mundo Espiritual

Alma(s)
   construção do destino e – 72
   desenvolvimento dos elementos da – 72
   missão da – 68
   poder de irradiação da – 68
   reencontro das * que se amam – 67
   ressurgimento do passado da – 75
   sono e desprendimento da – 75

Alucinação
   fenômeno espírita e – 54
   fotografias de Espíritos e – 54

Amizade
   formação da simpatia no homem e – 39
   amor, base da * sólida – 40
   conhecimento da verdadeira – 36

Amor
   base das amizades sólidas e – 40
   conhecimento do verdadeiro – 36
   força atrativa e – 73
   formação da simpatia no homem e – 39
   guia do instinto e – 39
   perpetuação da família e – 40
   propagação do – 40
   reencontro na vivência do – 73

Ampola de Crookes
   William Crookes, *Sir.*, físico, e – 18

Anais das ciências psíquicas
   casas assombradas e – 31, 32, nota
   declaração de W. Barrett e – 14
   depoimento de Sir Gilbert Parker, e – 21
   registradores Marey e – 55

Animismo e espiritismo, livro
   Alexander Aksakof e – 57

Aparição
   caso notável de – 20
   d'Espérance, médium, e * do Espírito Nephentés – 43
   explicação para * de fantasmas dos vivos – 20
   motivo da limitação do fenômeno de – 31
   obscuridade na * luminosa – 23
   relato sobre * de defunto – 22, nota

Associação Britânica para o Adiantamento das Ciências
   William Crookes, presidente da – 12

B

Barlemont, Dr.
   fotografia do perispírito e – 20, nota

Barrett, W., professor

---

[126] Remete ao número da página.

Anais das ciências psíquicas
e declaração de – 14
Universidade de Dublin e – 14

Bem
doutrina da reencarnação,
estimulante para o – 74

Benezech, pastor
conversão ao Espiritismo e – 60, nota
Phénomènes psychiques et la question
de l'au-de-lá, Les, livro, e – 60, nota

Berthelot
descobertas de – 10

Binet, Dr.
pneumatografia e – 60, nota
teoria da dupla consciência e da
alteração da personalidade e – 59

Boilève, baronesa
aparição do filho da – 27, nota

Boutlerof, professor
d'Espérance, Sra., médium, e – 50
fotografia de fantasmas
materializados e – 50

Boutroux, Mr.
estudo do psiquismo e – 15
Matin, jornal, e – 15
professor da Faculdade de
Letras de Paris e – 15

Bramanismo
crença nas vidas sucessivas e – 78

Budismo
crença nas vidas sucessivas e – 78

C

Catolicismo
crença nas vidas sucessivas e – 79
dogma das penas eternas e – 79
teoria de uma vida única e – 79

Ceticismo
fenômenos tangíveis e – 9

Charlatanismo
fatos psíquicos e – 16

Chenoweth, Mme., médium
Hyslop, professor, e – 49, nota

Ciência
confinamento da * materialista – 9
desconhecimento, desprezo
e *psíquica – 9
extensão da * psíquica – 9
nova fase da – 11
visão vulgar da * psíquica – 16

Clemente de Alexandria, padre grego
crença nas vidas sucessivas e – 79

Confiança
desenvolvimento da – 69

Contaut, Sr.
aparição de Goenry, e – 26

Consciência
desprendimento e revelações da – 75
sono hipnótico e revelações da – 75

Consciência subliminal
significado da expressão – 75

Coração
incerteza e angústia no – 69

Corpo fluídico *ver* Perispírito

Corpo sutil *ver* Perispírito

Crença
exigência do espírito humano e – 7

Cristianismo
crença nas vidas sucessivas e – 79

Cristianismo e espiritismo, livro
casos de pneumatografia e – 33
casos de psicografia e – 33
Léon Denis e – 22, nota; 68, nota
relato sobre aparição de
defunto e – 22, nota

Crookes, William, Sir, físico
ampola de Crookes e – 19

descobertas de – 10
Fatos Espíritas, livro, e – 60, nota
fenômeno espírita e – 18
fotografia de Espíritos e – 54
fotografia do Espírito
  Kate King e – 12
Kate Fox, médium, e – 60, nota
matéria radiante e – 18
materialização do Espírito
  Kate King e – 12, 18
pneumatografia e – 60, nota
presidente da Associação Britânica
  para o Adiantamento das
  Ciências e – 12
retratação e – 12

Cross-correspondence
  Oliver Lodge, Sir, e – 40
  significado da expressão – 40

Curie
  descobertas de – 10

D

Dariex
  fenômeno espírita e – 18

Daily Express, jornal
  aparição do fantasma de Sir
  Carne Rachse e – 20

Daily News, jornal
  aparição do fantasma de Sir
  Carne Rachse e – 20

D'Espérance, Mme., médium
  Alexander Aksakof e – 50
  aparição do Espírito Nephentés e – 43
  Boutlerof, professor, e – 50
  causa da enfermidade da – 30
  Fidler, Sr., e – 50
  fotografia de fantasmas
    materializados e – 50
  fotografia de Svens Stromberg,
    Espírito, e – 53
  Walter, Espírito guia, e – 50

Delanne, Gabriel
  experiências de desdobramento
  e – 20, nota

Denis, Léon
  Aguzoli, Dr., e – 23
  aparição da filha do coronel L. G. e – 26
  Cristianismo e espiritismo, livro,
    e – 22, nota; 68, nota
  Depois da Morte, livro, e – 68, nota
  Invisível, No, livro, e – 17,
    nota; 60, nota; 64, nota
  materialização e – 23
  Problema do ser, do destino e da dor,
    O, livro, e – 60, nota; 68, nota
  provas das vidas anteriores e – 74

Depois da Morte, livro
  Léon Denis e – 68, nota

Descartes
  teoria das ideias inatas e – 78

Desprendimento
  consequências do * do Espírito – 66
  revelações da consciência e – 75
  revelações da memória e – 75
  sono e * da alma – 75

Deus
  homem e conhecimento e
    compreensão de – 69
  justiça, sabedoria, amor e – 69

Dor
  função da – 72

Doutrina da reencarnação
  estimulante poderoso para o bem e – 74
  justiça e harmonia no mundo
    moral e – 72
  problema do destino humano e – 71
  valor científico da – 74

Doutrina dos Espíritos *ver* Espiritismo

Druismo
  crença nas vidas sucessivas e – 78

Duclaux, sábio
　conferência no Instituto Geral
　　Psicológico e – 15
　diretor do Instituto Pasteur e – 15
　mundo do psiquismo e – 15

Dupla consciência
　Binet, Dr., e teoria da – 59
　Flournoy e teoria da – 59
　Grasset, Dr., e teoria da – 59
　Taine, professor, e teoria da – 59

Dupla personalidade
　crença na – 66

Duplo fluídico *ver* Perispírito

Durville, H.
　experiências de desdobramento
　　e – 20, nota

E

E..., professor
　aparição do Espírito Nephentés e – 43

Edmonds, juiz
　xenoglossia e filha do – 60, nota

Educação
　transformação da – 73

Escrita automática
　Stainton Moses e – 61, nota

Escrita direta *ver* Pneumatografia

Escrita mediúnica *ver* Psicografia

Espiritismo
　aberturas sobre a Vida Espiritual e – 9
　adversários do – 61, nota
　Benezech, pastor, e conversão
　　ao – 60, nota
　conduta do crítico e – 59
　críticas, ataques, perseguições e – 17
　explicações para os fenômenos do – 56
　fonte das forças do * na
　　manifestação física – 19
　força moral do futuro e – 67
　gérmen da revolução moral e – 56
　importância do – 56
　perigos do – 66
　renovação completa da Filosofia e – 76
　renovação completa da Religião e – 76
　resposta aos detratores do – 41
　revelação dos domínios da
　　natureza e – 11
　teoria dos adversários do * sobre o
　　médium psicográfico – 57, nota
　testemunhos científicos
　　em apoio ao – 17
　testemunho de fé e – 67

Espírito
　alucinação e fotografia de – 54
　consequências do
　　desprendimento do – 66
　exigência para a crença do
　　* humano – 7
　fotografia do * de Sven Stromberg – 53
　Light, jornal de Londres, e prova de
　　identidade do – 49, 50, nota
　prova da identidade do *
　　comunicante – 40
　prova da sobrevivência
　　do – 44, nota, 45

Espírito desencarnado
　sensação da presença do – 9

Espiritualismo experimental *ver*
　Espiritismo

Eu superior *ver* Espírito

Eusapia, médium
　visão da mãe de Lombroso e – 22

Evening News, jornal
　aparição do fantasma de Carne
　　Rachse, Sir, e – 20

Evolução
　lei das reencarnações e princípio de – 78

Existência
　percepção de novas formas de – 10

Exteriorisation de la motricité, livro
 de Rochas, coronel, e – 20, nota

F..., Mme., médium
 Édouard Périnne, Espírito, e – 44

F

Faculdade de Letras de Paris
 Boutroux, Mr., professor da – 15

Família
 amor e perpetuação da – 40

Fato espírita
 explicação para o – 59

Fato telepático
 perispírito e – 20

Fatos Espíritas, livro
 William Crookes e – 60, nota

Felicidade
 libertação terrena e – 36

Fenômeno da casa assombrada
 características e – 31
 Lombroso e – 31, nota

Fenômeno espírita
 Alexander Aksakof e – 18
 alucinação e – 54
 condições dos médiuns no – 53
 conhecimento e observação das
  condições do – 54, nota
 crítica e negação do – 54, 55
 explicação do – 19, 66
 facho de luz no pensamento
  humano e – 67
 Lombroso e a importância do – 15, 18
 método de investigação
  dos sábios e – 54
 Oliver Lodge e – 18
 reconhecimento e afirmação
  da realidade do –11
 revolução no domínio da Física
  e da Química e – 19
 sábios céticos e – 53

William Crookes e – 18
Zöllner e – 18

Fenômeno físico
 necessidade do – 55

Fenômeno psíquico
 Barret e – 56
 Botazzi e – 6
 Camille Flammarion e – 56
 Charles Richet e – 56
 De Rochas, coronel, e – 56
 F. Myers e – 56
 Hyslop e – 56
 Lombroso e – 56
 Morselli e – 56
 multiplicação do – 9
 Oliver Lodge e – 56
 Robert Hare e – 56
 Russel Wallace e – 56
 sábio e discussão do – 9
 Wagner e – 56
 William Crookes e – 56
 William James e – 56

Féretro
 saudação ao – 8

Ferré, Sr.
 teoria do * sobre o médium
  psicográfico – 57, nota

Fidler, Sr.
 d'Espérance, Sra., médium, e – 50
 fotografia de fantasmas
  materializados e – 50
 Walter, Espírito guia, e – 50

Filosofia
 Espiritismo e renovação completa da – 76

Flournoy
 pneumatografia e – 60, nota
 teoria da dupla consciência e da
  alteração da personalidade e – 59

Fluidos
 ação da luz sobre os – 23

Fox, Kate, médium
  pneumatografia e – 60, nota
  William Crookes, Sir, físico, e – 60, nota

G

G., L., general
  aparição da filha do – 26
  experiências de tiptologia e – 46

Geber, Espírito
  comunicação do – 45

Grasset, Dr.
  pneumatografia e – 60, nota
  teoria da dupla consciência e da
    alteração da personalidade e – 59

Guldenstubbè, de, Sr.
  pneumatografia e – 60, nota

H

Hayter, Arthur, Sir
  depoimento sobre o caso de Sir
    Carne Rachse e – 21

Hilbert Journal, The
  Oliver Lodge e – 13

Hipnotizador
  atuação do * nas experiências
    do Sr. Janet – 58

Hodgson, Richard
  comunicação de *, Espírito, com
    James Hyslop – 13, nota
  depoimento de – 13
  presidente da Sociedade Americanade
    Pesquisas Psíquicas e – 13
  Proceedings of Society Psychical
    Researche e – 13

Homem
  alcance dos sentidos do – 10
  amor e formação da simpatia no – 39
  aumento da liberdade e
    responsabilidade do – 73
  composição do – 65
  condição essencial da liberdade e
    responsabilidade do – 66
  conhecimento e compreensão
    de Deus e – 69
  constituição do passado pré-
    natalício do – 74
  destino do – 18
  estados de consciência do – 66
  imagem do * na Terra – 37
  morte e amplificação das
    faculdade do – 36

Humanidade
  conhecimento do Universo e – 10
  microscópio e percepções da – 11
  telescópio e percepções da – 11

Hyslop, James, professor
  Chenoweth, Mme., médium,
    e – 49, nota
  comunicação de Richard Hodgson,
    Espírito, com – 13, nota
  existência de uma vida futura e – 12
  Piper, Mrs., médium, e – 12
  Universidade de Colúmbia e – 12
  W. James, físico americano, e – 49, nota

I

Inconsciente *ver* Espírito

Instinto
  amor, guia do – 39

Instituto Pasteur
  conferência de Duclaux, diretor do – 15

Invisível, No, livro
  casos de assombramentos e – 32, nota
  casos de pneumatografia e – 33
  casos de psicografia e – 33
  Léon Denis e – 17, nota;
    60, nota; 64, nota
  relato sobre aparição de
    defunto e – 22, nota

Islamismo

crença nas vidas sucessivas e – 79

J

James, W., físico americano
  Hyslop, professor, e – 49, nota

Janet, Pierre, Sr.
  atuação do hipnotizador nas experiências do – 58
  experimentações do – 58
  L'Automatisme Psychologique, livro, e – 57, nota
  teoria do * sobre o médium psicográfico – 57, nota

Jaubert, Sr.
  premiação nos jogos florais de Toulouse e – 58

Journal des Débats
  rescisão de contratos por causa de assombramentos e – 32, nota

K

King, Kate, Espírito
  desmaterialização do * sob ação da luz – 23, nota
  fotografia do – 12
  William Crookes e materialização do – 12, 18

L

L'Automatisme Psychologique, livro
  Pierre Janet e – 57, nota

L'Éclair, jornal
  declaração do senhor Montorgueil e – 28

Lacombe, almirante, Espírito
  experiências de tiptologia e – 46

Lei da reencarnação
  princípio de evolução e – 78

Lembrança
  conservação da * dos seres queridos – 8

Leis do atavismo e da hereditariedade
  Problema do ser, do destino e da dor, O, livro, e – 77-78

Liberdade
  aumento da * e da responsabilidade do homem – 73

Light, jornal de Londres
  prova de identidade do Espírito e – 49, 50, nota
  Stafford, médium psicográfico, e – 49, 50, nota

Lodge, Oliver, *Sir*
  cross-correspondence e – 40
  fenômeno espírita e – 18
  Hilbert Journal, The, e – 13
  Light, Journal, e – 13
  membro da Academia Real e – 13
  reitor da Universidade de Birmingham e – 13, 40
  Sobrevivência humana, A, livro, e – 14, nota
  Sociedade de Pesquisas Psíquicas de Londres e – 40
  Survivance humaine, La, livro, e – 61, nota
  testemunho de – 13

Lombroso
  Eusapia, médium, e – 22
  fenômeno da casa assombrada e – 31, nota
  importância dos fenômenos espíritas e – 15
  professor da Universidade de Turim e – 15
  Ricerche sui fenomeni ipnotici espiritici, livro, e – 22

Loyson, Espírito
  comunicação do – 35-37
  motivo da atração do – 37

M

Manifestação espírita
  características da – 17, nota
  utilidade da * trivial – 55

Marey, registrador
  ação dos Espíritos desencarnados
    sobre o – 55

Matéria
  amor à – 8
  descobrimento da * radiante – 10, 18
  estados da – 19

Materialismo
  consequência do – 36

Materialização
  motivo da limitação do fenômeno de – 31

Matin, jornal
  Boutroux, Mr., professor, e – 15

Maxwell, J., advogado
  fenômeno espírita e – 18
  Phénomènes Psychiques e – 32, nota
  rescisão de contratos por causa de
    assombramentos e – 32, nota

Médium
  condições do * nos fenômenos
    espíritas – 53
  sono hipnótico e – 57
  teoria dos adversários do Espiritismo
    sobre o * psicográfico – 57, nota

Memória
  desprendimento e revelações da – 75
  sono hipnótico e revelações da – 75

Menino-prodígio
  talentos e – 78

Mensagem espírita
  adversários do Espiritismo
    e origem da – 57

Microscópio
  invenção do – 10

Mijatovitch, Chedo, Sr.
  aparição de W. H. Stead, Espírito, e – 47
  Vango, Sr., médium, e – 43

Milagre e o moderno espiritualismo, O,
  livro Russel Wallace e – 12

Moderno espiritualismo, livro
  Russel Wallace e – 57

Montorgueil, Sr.
  experiência do – 29

Moore, Usborne, vice-almirante inglês
  W. H., Stead, Espírito, e – 47, 48, nota
  Wriedt, Sra., médium, e – 48, nota

Morte
  amplificação das faculdade
    do homem e – 36
  culto da – 8
  formas impalpáveis,
    imponderáveis e – 10
  perispírito e – 20
  situação do Espírito depois da – 55
  subsistência após a * do corpo – 7

Moses, Stainton, Sr.
  escrita automática e – 61, nota

Mundo Espiritual
  tristezas da Humanidade e ideia do – 8

Mundo Invisível *ver* Mundo Espiritual

Mundo moral
  justiça e harmonia no – 72

Myers, F., professor em Cambridge
  fenômeno espírita e – 18
  mensagem em idioma cafre e – 42
  Personalidade humana, A, livro e – 12
  vozes e mensagens de além-
    túmulo e – 12

N

Natureza
  Espiritismo e revelação dos
    domínios da – 11

Nephentés, Espírito
    d'Espérance, médium, e
        aparição do – 43

O

Ochorowicz
    fotografia de Espíritos e – 54

Ódio
    força atrativa e – 73
    reencontro na vivência do – 73

Onda hertziana
    descobrimento da – 10

Orígenes, padre grego
    crença nas vidas sucessivas e – 79

P

Parker, Gilbert, Sir
    Anais das ciências psíquicas e – 21
    depoimento sobre o caso de Sir
        Carne Rachse e – 21

Passado
    resgate do – 72
    ressurgimento do * da alma – 75

Pelletier, Robert, Sr.
    comunicação do Espírito Geber e – 45

Pensamento
    abordagem do * humano – 7
    fenômeno espírita, facho de
        luz no * humano – 67
    motivo da atração do Espírito
        Loyson e – 37
    nova fase do – 11

Perispírito
    Barlemont, Dr., e – 20, nota
    de Rochas, coronel, e – 20, nota
    fato telepático e – 20
    fotografia do – 20, nota
    função do – 20
    morte e – 20
    propriedade do – 19
    reprodução em chapa fotográfica e – 20

Personalidade
    amplitude da * humana – 75
    Binet, Dr., e teoria da alteração da – 59
    Flournoy e teoria da alteração da – 59
    Grasset, Dr., e teoria da
        alteração da – 59
    Taine, professor, e teoria da
        alteração da – 59

Personalidade humana, A, livro
    F. Myers, professor em
        Cambridge, e – 12

Petit, Edouard, Espírito
    comunicação do – 38-40

Phénomènes psychiques et la question
    de l'au-de-lá, Les, livro Benezech,
        pastor, e – 60, nota

Philosophie de la Science, La, revista
    Internacional
    resposta ao inquérito aberto pela – 71

Pneumatografia
    Binet, Dr., e – 60, notas
    de Guldenstubbè, Sr., e – 60, nota
    escrita direta e – 60, notas
    Flournoy e – 60, notas
    Grasset, Dr., e – 60, notas
    Kate Fox, médium, e – 60, nota
    Problema do ser, do destino e da
        dor, O, livro, e – 60, nota
    Taine, professor, e – 60, notas
    William Crookes e – 60, nota

Policonsciência *ver* Espírito

Problema do ser, do destino e da dor, O,
    Livro esquecimento das existências
        anteriores e – 78
    experiências do coronel de Rochas e – 75
    leis do atavismo e da
        hereditariedade e – 77-78
    Léon Denis e – 60, nota; 68, nota

reminiscências de homens e
de crianças e – 76

Proceedings of Society Psychical
Researche
depoimento de Richard
Hodgson e – 13

Progresso
meios mais eficazes para
obtenção do – 73

Psicografia
naufrágio do Titanic e – 33

Psicologia
evolução da – 11

Piper, Mrs., médium
Hyslop, professor, e – 12

R

Rachse, Carne, Sir
aparição do fantasma de – 20-21

Radioatividade
descobrimento da * dos corpos – 10

Raio X
descobrimento do – 10

Reencarnação
estudo sobre a – 71

Religião
crença nas vidas sucessivas e – 78
Espiritismo e renovação
completa da – 76

Responsabilidade
aumento da liberdade e da
* do homem – 73

Revue Spirite
fotografia do perispírito e – 20, nota

Rochas, de, coronel
Exteriorisation de la motricité,
livro, e – 20, nota

Exteriorisation de la sensibilité,
livro, e – 20, nota
fotografia do perispírito e – 20, nota
Problema do ser, do destino e da dor,
O, Livro, e experiências do – 75

Roentgen
descobertas de – 10

S

Schura, Espírito
Alexander Aksakof e mensagem do – 46

Segunda pessoa *ver* Espírito

Ser subconciente
significado da expressão – 75

Sessão espírita
atuação do médium na – 58

Sobrevivência humana, A, livro
Oliver Lodge, Sir, e – 14, nota

Sociedade
diminuição dos problemas
que afligem a – 73

Sociedade Americana de Pesquisas
Psíquicas experiências e
trabalhos da – 13
Richard Hodgson, presidente da – 13

Sociedade de Pesquisas Psíquicas de
Londres Oliver Lodge, Sir, e – 40

Sono
desprendimento da alma e – 75

Sono hipnótico
médium e – 57
revelações da consciência e
da memória e – 75

Sono magnético
libertação da alma e – 66

Stafford, médium psicográfico
prova da identidade do Espírito
e – 49, 50, nota

Stead, W. H., Espírito
    Chedo Mijatovitch, Sr., e – 48
    comunicação do – 33-35
    fenômeno espírita e – 18
    fotografia de Espíritos e – 54
    Hervy, Mme., médium, e – 33
    Usborne Moore, e – 47, 48, nota
    Wriedt, Sra., médium, e – 48, nota

Stromberg, Svens, Espírito
    fotografia do – 53

Subconsciência
    hipótese da – 64, nota
    significado da expressão * superior – 75

Sugestão hipnótica
    fenômenos espíritas e – 58

Sugestão mental
    casos não explicados pela – 57
    objeção irrefutável à teoria da – 59
    transmissão do pensamento e – 56

Survivance humaine, La, livro
    Oliver Lodge, Sir, e – 61, nota

T

Taine, professor
    pneumatografia e – 60, nota
    teoria da dupla consciência e da
        alteração da personalidade e – 59

Teoria das ideias inatas
    Descartes e – 78

Terra
    imagem do homem na – 37

Tiptologia
    L. G, general, e experiências de – 46
    Lacombe, almirante, Espírito, e – 46

Titanic, naufrágio do
    comunicação espírita por ocasião do – 33

Thompson, Mrs., médium
    F. Myers, professor em
        Cambridge, e – 12

Transmissão do pensamento
    sugestão mental e – 56

U

Umpire, jornal
    aparição do fantasma de Carne
        Rachse, Sir, e – 20
    depoimento sobre o caso de *Sir
        Carne Rachse* e – 21

Universidade de Birmingham
    Oliver Lodge, Sir, reitor da – 13

Universidade de Dublin
    W. Barrett e – 14

Universo
    humanidade e conhecimento do – 10

V

Varigny, H., Sr.
    Journal des Débats e – 76, nota
    recordação de vidas anteriores
        e – 76, nota

Vida
    crença numa * única – 72
    experimentação da plenitude da – 36
    lembrança de * anterior – 76, 78
    limites ao império da – 10
    luta ardorosa pela – 8
    momentos difíceis da – 69
    revelação dos Espíritos e supremo
        alvo da – 68, nota

Vida Espiritual
    esquecimento dos amigos terrenos e – 38

Vida Invisível *ver* Vida Espiritual

Volpi
    fotografia de Espíritos e – 54

Vontade
    irradiação do ser humano sob
        a influência da – 19

W

Wallace, Russel
    Academia Real de Londres e – 12
    confissão de – 12
    Milagre e o moderno espiritualismo,
        O, livro, e – 12
    Moderno espiritualismo, livro, e – 57

Wriedt, Sra., médium
    comunicação de W. H. Stead,
        Espírito, e – 48, nota

X

Xenoglossia
    Binet, Dr., e – 60, nota
    escrita em línguas estrangeiras
        e – 60, nota
    filha do juiz Edmonds e – 60, nota
    Flournoy e – 60, nota
    Grasset, Dr., e – 60, nota
    Taine, professor, e – 60, nota

Z

Zöllner
    fenômeno espírita e – 18

CARIDADE: AMOR EM AÇÃO

Sede bons e caridosos: essa a chave que tendes em vossas mãos. Toda a eterna felicidade se contém nesse preceito: "Amai-vos uns aos outros". KARDEC, Allan. *O evangelho segundo o espiritismo*, cap. 13, it. 12.

A Federação Espírita Brasileira (FEB), em 20 de abril de 1890, iniciou sua *Assistência aos Necessitados* após sugestão de Polidoro Olavo de S. Thiago ao então presidente Francisco Dias da Cruz. Durante 87 anos, esse atendimento representava o trabalho de auxílio espiritual e material às pessoas que o buscavam na instituição. Em 1977, esse serviço passou a chamar-se Departamento de Assistência Social (DAS), cujas atividades assistenciais nunca se interromperam.

Desde então, a FEB, por seu DAS, desenvolve ações socioassistenciais de proteção básica às famílias em situação de vulnerabilidade e risco socioeconômico. Fortalece os vínculos familiares por meio de auxílio material e orientação moral-doutrinária com vistas à promoção social e crescimento espiritual de crianças, jovens, adultos e idosos.

Seu trabalho alcança centenas de famílias. Doa enxovais para recém-nascidos, oferece refeições, cestas de alimentos, cursos para jovens, serviços de convivência e fortalecimento de vínculos para idosos e organiza doações de itens que são recebidos na instituição e repassados a quem necessitar.

Essas atividades são organizadas pelas equipes do DAS e apoiadas com recursos financeiros da instituição, dos frequentadores da casa e por meio de doações recebidas, num grande exemplo de união e solidariedade.

Seja sócio contribuinte da FEB, adquira suas obras e estará colaborando com o seu Departamento de Assistência Social.

LITERATURA ESPÍRITA

Em qualquer parte do mundo, é comum encontrar pessoas que se interessem por assuntos como imortalidade, comunicação com Espíritos, vida após a morte e reencarnação. A crescente popularidade desses temas pode ser avaliada com o sucesso de vários filmes, seriados, novelas e peças teatrais que incluem em seus roteiros conceitos ligados à Espiritualidade e à alma.

Cada vez mais, a imprensa evidencia a literatura espírita, cujas obras impressionam até mesmo grandes veículos de comunicação devido ao seu grande número de vendas. O principal motivo pela busca dos filmes e livros do gênero é simples: o Espiritismo consegue responder, de forma clara, perguntas que pairam sobre a Humanidade desde o princípio dos tempos. Quem somos nós? De onde viemos? Para onde vamos?

A literatura espírita apresenta argumentos fundamentados na razão, que acabam atraindo leitores de todas as idades. Os textos são trabalhados com afinco, apresentam boas histórias e informações coerentes, pois se baseiam em fatos reais.

Os ensinamentos espíritas trazem a mensagem consoladora de que existe vida após a morte, e essa é uma das melhores notícias que podemos receber quando temos entes queridos que já não habitam mais a Terra. As conquistas e os aprendizados adquiridos em vida sempre farão parte do nosso futuro e prosseguirão de forma ininterrupta por toda a jornada pessoal de cada um.

Divulgar o Espiritismo por meio da literatura é a principal missão da FEB, que, há mais de cem anos, seleciona conteúdos doutrinários de qualidade para espalhar a palavra e o ideal do Cristo por todo o mundo, rumo ao caminho da felicidade e plenitude.

O ALÉM E A SOBREVIVÊNCIA DO SER

EDIÇÃO	IMPRESSÃO	ANO	TIRAGEM	FORMATO
1	1	1917	5.120	11,5X17,5
2	1	1939	5.120	12,5x18,5
3	1	1959	5.120	12,5x18,5
4	1	1981	10.200	13x18
5	1	1987	5.100	13x18
6	1	1990	4.100	13x18
7	1	1992	5.000	13x18
8	1	1995	5.000	13x18
9	1	2002	3.000	13x18
10	1	2008	10.000	14x21
11	1	2013	2.000	16x23
11	2	2014	1.000	16x23
11	3	2016	1.000	16x23
11	4	2020	150	16x23
11	5	2022	50	16x23
11	IPT*	2022	500	15,5x23
11	IPT	2023	50	15,5x23
11	IPT	2024	300	15,5x23
11	IPT	2024	200	15,5x23

* Impressão pequenas tiragens

FEB editora
Livro espírita para um novo mundo
www.febeditora.com.br
@febeditoraoficial
@febeditora

Conselho Editorial:
Carlos Roberto Campetti
Cirne Ferreira de Araújo
Evandro Noleto Bezerra
Geraldo Campetti Sobrinho – Coord. Editorial
Jorge Godinho Barreto Nery – Presidente
Maria de Lourdes Pereira de Oliveira
Miriam Lúcia Herrera Masotti Dusi

Produção Editorial:
Elizabete de Jesus Moreira

Revisão:
Elizabete de Jesus Moreira

Capa:
Ingrid Saori Furuta

Projeto gráfico:
Eward Bonasser Jr.

Diagramação:
Eward Bonasser Jr.
Luisa Jannuzzi Fonseca

Normalização técnica:
Biblioteca de Obras Raras e Documentos Patrimoniais do Livro

Esta edição foi impressa no sistema de Impressão pequenas tiragens, em formato fechado de 155x230 mm e com mancha de 120x190 mm. Os papéis utilizados foram o Off white 80 g/m² para o miolo e o Cartão 250 g/m² para a capa. O texto principal foi composto em fonte Adobe Garamond Pro 12/15 e os títulos em Adobe Garamond Pro 28/30. Impresso no Brasil. *Presita en Brazilo.*